블루,

밤의 가스파르

Bleu, Gaspard de la Nuit

문지하

Bleu, Gaspard de la Nuit

블루, 밤, 환상.
끝이 보이지 않는 미로, 그곳은 어둡고 그 흔한 빛 한줄기조차 보이지 않는 고독함이 존재하는 곳.
고독은 알 길이 없어, 절대 헤어 나오지 못하는 위험하고 매혹적인 것.
독처럼 서서히 퍼져 나가는 것.
감정에 고통받던 내 정신은 짓눌리고 죽어간다.
나는 꿈을 꾸고 있는 것인가, 목소리에 홀려 알 수 없는 미로를 향해 기꺼이 걸어가고 있구나. 내 모든 환상, 실현되지 않을 헛된 희망, 모든 것들이 실현 가능한 절망의 구렁텅이, 그곳에 있는 보이지 않는 존재여,
너는 알고 있구나.
그대의 손을 잡고 내 모든 것을 실현시키리.

2019년 6월 어느 날, 나에게.

이 책에 들어가기 전에,

밤이면 찾아와서 나를 괴롭히는 생각, 환상, 예술, 꿈, 어두움, 그 모든 것들에 대해서 쓴 책이다. 밤과 새벽의 푸름, 블루. 그 시간에 일어나는 일들. 흐르는 음악, 그리고 나의 생각이다.

베르트랑의 시에서 영감을 받아 라벨이 작곡한 '밤의 가스파르(Gaspard de la Nuit)'를 듣고 이야기를 풀어 갔다. 곡이 가진 환상적이고 몽환적인 분위기와 가끔은 기괴하고 어두운 분위기, 피아노의 선율, 나의 이루지 못한 꿈이 뒤섞인 이야기다.

Flower, my fantasy

목차

눈의 꽃 024

신환상 1 034

블루, 밤의 가스파르 040

먼지 달 054

Kiss 058

환상곡풍으로 074

짧은 미(美)의 찬양 082

신환상 2 086

만남, 물랑루즈 소년 092

록산느의 탱고 106

의상실 116

마틸다 128

한없이 투명한 블루 138

모델(Model) 140

신환상 3 152

Moonlight Chemistry 162

다시, 볼 끝에 계절 168

그녀 172

신환상 4 180

샹들리에 타는 여자 198

너에게 214

완전한 블루, 거의 푸른 216

푸른곰팡이 238

오페라의 유령 240

그래도, 여전히 252

블루.

새벽이 깊어 갈수록 빛은 블루의 색이다. 새벽의 숨이 어둠을 들이마시고 독 향기처럼 퍼지는 것을 느끼고 더 깊이 빨아들이는 순간,

그 시간은 블루의 빛이다.

물의 청명함도, 흔들림 없이 달의 자화상을 그리고 있는 묵묵함도 블루의 공허함을 이길 수 없다.

모든 사물은 이름 없는 검은색의 형태로만 존재하고 단순해지고 빛이 원래의 색을 잃어가는 시간,

모든 것은 블루의 빛이다.

눈의 꽃

　계절의 영향을 받지 않는다고 했다. 여자는, 날씨가 어떻든, 계절이 어떻든 기분은 항상 우울하다고 했다.

　하지만 그녀에게도 마음의 동요가 일 때가 있었는데 벚꽃이 만개한 4월의 봄날, 그 순간뿐이었다. 온 하늘이, 시선이 맞닿는 온 주위가, 연분홍으로 흰색으로 마음에 녹아내리는 4월 그 찰나의 순간.

　벚꽃은 조금 다른 의미로 다가왔는데, 마음을 물들이는 그것은 시작의 두근거림은 아니었다. 벚꽃은 눈을 닮았다. 바람이 불자 꽃잎이 방울방울 사방으로 흩날렸다. 질서 없이, 조용히,

팔랑거리며 흩뿌려졌다. 눈을 닮았다, 는 생각이 든 것은 그 순간이었다. 여자는 그 모습을 조금 더 바라보았다. 어디선가 음악이 흘렀다. 건조하지만 이내 황홀함을 안겨주는 겨울의 노래는, 쓸쓸한 멜로디는, 사방으로 번지는 하얀 꽃잎을 만나 오히려 따뜻하고 포근했다. 봄에 듣는 겨울의 노래는 이렇게도 낭만적이고 마음을 아련하게 만드는 힘을 가지고 있었다. 설렘, 수줍음, 빨갛게 물든 두 뺨, 분홍색, 나란히 걷는 두 사람. 노래는 봄의 모든 것이었다. 쓸쓸한 멜로디는 봄이었고 꽃이었고 수줍음이었다.

남자와 여자는 이제 막 시작하는 사이였고, 그래서 표현의 지나침이 없어서 오히려 넘쳐 보였고, 그 마음을 온전히 표현하지도 감추지도 못해서 설렘과 풋풋함이 느껴질 정도였다. 아니면 여자와 남자는 서로 호감을 가지고 있지만 모른 척하는 사이일지도 몰랐다. 두 사람은 벚꽃이 만개한 길을 걸어갔다. 천천히, 서로의 보폭을 맞추어서, 가끔 손가락이 맞닿을지도 모르는 거리를 유지하면서. 바람에 벚꽃이 여전히 흔들렸다. 아름다웠다.

벚꽃은, 끝남의 아련함이었다.

벚꽃이 피었다. 어김없이 올해도, 지금의 4월에, 여자는 바깥을 바라보았다. 밖으로 보이는 풍경이 마음에 들지 않는다고 생각했다. 지나간 봄을, 그러니까 작년의 봄을 생각했다. 집 가까이에 있어 자주 들렀던 카페는 오랜 시간 머물러도 편안한 공간이라 꽤 마음에 들었는데, 무엇보다 큰 유리창으로 보이는 벚나무를 보는 것이 가장 마음에 들었다. 길 따라 길게 이어져 있는 벚나무는 끝나지 않을 것만 같았다. 경이로웠다. 사람들이 평화로운 일상을 보내고 삶을 보내는, 사람이 사는 장소처럼 느껴졌다. 떠나가는 것이 아니라 정말로 살아가는 장소. 그런 공간에 함께 있을 수 있다는 것이 여자에게 큰 안정감과 벅차오름을 안겨 주었다.

벚꽃이 창밖을 온통 하얀색으로, 순백의 하얀색으로, 틈 없이 완벽한 하얀색으로 만들 때, 겨울의 노래는 흘렀다. 그러면 여자는 벚꽃이 흐르는 대로, 노래가 이끄는 대로 어디로든 갈 수 있었다. 남자는 여자의 오랜 기억 속에 자리 잡고 있는 누군가였다. 가끔, 이런 날이면 문득 떠오르는 미화된 추억 속의 남자는 여자의 기억에서 언제까지고 머무를 것 같았다.

눈앞에 그저 녹색의 나무 한 그루만이 서 있었다.

올해의 봄은 건조하고 딱딱한 4월이었다. 사랑만이 빠져버린 봄. 여자는 시간의 흐름을 느끼지 못했고 그저 날짜와 요일이 변하는 것에 지나지 않았고 어느새 벚꽃이 만개할 시기가 되었다는 것조차 알지 못했다. 그저 어렴풋이 느낄 뿐이었다. 덩그러니 놓인 녹색, 먼지 낀 하늘의 회백색, 눈앞의 건조한 콘크리트 벽, 날 선 직각의 육면체들, 무미건조함. 그러다 활짝 핀 벚꽃을 불시에 마주쳤을 때, 눈부신 아름다움과 환희와 얼어있던 마음을 녹이는 따뜻함이 물밀듯이 넘쳐흘러 여자의 마음을 훔치는 것이었다. 메마른 마음과 복잡하게 엉켜있는 생각들에 공중으로 떠밀린 자아가 다시금 돌아오는 기분을 느꼈다. 겨울의 노래였고 기억 속의 남자였고 함께 나란히 정다운 길을 걷고 있었고 서로의 마음을 말하지 않았지만 알고 있기에 더 애틋함이었다. 영원의 바람이 담긴 시간, 좁혀지길 바라는 사이, 그곳에 머물고 있는 '나'를 바라보는 지금의 여자, 남자의 뒷모습을 바라보는 지금의 여자, 그 모든 것들이 깨어나기 시작했다.

신환상 1

 불을 끄고 침대에 누워 눈을 감으면 꽃이 나타난다.

 주변은 온통 어둠이고 눈을 감아도, 눈을 떠도 똑같은 어둠은, 한가지다. 눈을 감는다. 그 찰나의 순간에 가느다란 빛줄기와 함께 꽃이 나타난다. 매일 밤 볼 수 있는 것은 아니고, 평소에는 여러 갈래의 불규칙한 모양으로 나타난다. 그것 역시 의식해서 보지 않으면 절대 알아챌 수 없다.

 꽃이 나타난다. 처음의 꽃이다. 검은색인데 형태는 온통 선이 엉켜서 모양을 만들어 낸 것 같아 보인다. 어둠 속에서도 그 형태만은 또렷

하다.

커다란 덩어리로 눈앞에 다가온 그것은, 장미꽃이다.

장미의 꽃잎은 둥글고 아직 활짝 피기 전이고 꽃잎의 존재가 너무 거대해 줄기 같은 것들은 보이지도 기억나지도 않는다. 먼 기억 속의 환상의 꽃이다. 장미꽃이면서 동시에 한 번도 본 적 없는 이름 모를 미지의 꽃.

꿈을 꾸지 않는데, 잠에 쉽게 빠지지 않아, 잠들지 않고도 꿈을 꿀 수 있을까.

내게 말을 거는 것 같다. 조금씩 다른 모습으로 찾아와 형태로 대화를 하는 것이다. 눈을 감고 모든 자극에 무덤덤하기 위해 나를 닫는 그 순간에도, 꽃이 나타난다. 달래는 목소리로 다정한 말들로 뭉클하게 속삭인다.

사르르, 나를 감싸주기를 바란다.

매일 밤, 꽃을 기다린다.

너를 볼 수 있기를 기대해, 눈을 세게 감으면 모습이 보일까 감은 눈을 힘주어 어둠의 농도를 짙게 만들어 본다. 눈앞에 나타난 것은 형태 없이 흩날리는 무의미한 선들이다. 버려지는 선들. 짧은 생명을 가지고 저버리는, 한때 꽃잎이었을지도 모르는 것들이다.

꽃은 보이지 않는다. 더는, 나에게 찾아오지 않아 꽃을 처음 봤던 그 순간의 놀라움과 찰나의 번뜩임과 황홀함은 다시는 잡을 수 없는 것이 되고 만다. 영영 내 기억 속에서만 존재하는 것이 되고 만다.

나는, 다시 유연해져야 함을 느낀다. 굳어 있던 마음과 생각을 경계 없이 펼쳐지는 어둠 위에 가만히 떠 있도록 해야 한다. 흘러가는 대로, 가만히, 어쩌면 가라앉을지도 모르게. 그러면 어느 날, 주변이 온통 어둠이고 눈을 감아도, 눈을 떠도 똑같은 어둠이 한가지일 때, 꽃이 나에게로 돌아올 것이다.

꽃의 실체는 사라졌지만, 그것은 또 다른 이름의 형태로 남아 여전히 진한 장미의 향기로 흐르고 있었다.

꽃이 피고 졌다. 그 생명이 짧으면 짧을수록 긴 울림을 남긴다.

블루, 밤의 가스파르

 나의 빛나던 청춘은 죽었다. 나의 눈부신 재능도 함께 죽어 버렸어. 그것을 너무나 적나라하게 깨닫는 밤이야.

숨을 토해낸다. 몸이 부서질 것처럼 숨을 뱉어내, 흉곽과 심장에 경련 같은 떨림이 느껴진다. 밤은, 잠들지 못하는 영혼들의 노래와 고뇌와 낭만이 한숨처럼 깊게 새겨져 있다. 밤은, 젊은이들의 가능성과 청춘을 자양분 삼아 생명을 지속시킨다.

지금, 이 순간에는 영원한,

젊음과 청춘과 꿈 때문에 괴로운 많은 이들은 각자의 이야기를 그리고 짓고 만든다. 밤은 그들의 이야기로 눈부시고 고통스럽고 매혹적이다. 그리고 때때로, 밤은 울고 있다. 나에게 질문을 던진다.

당신은, 어떤 것을 보아도 흔들리지 않는 심지를 가지고 계십니까. 어떤 말을 들어도 휘어지지 않는 굳건한 뿌리를 가지고 계십니까.

나는, 말을 잃어버리고, 목소리가 나오지 않고, 밤의 물음에 대답하지 못한다.

나에게 확신을 가지는 것은 이다지도 어려운 일이라, 내 마음대로 되지 않아. 나는, 이것을 알고 있으면서도 이루지 못했어. 내가 나에게 확신이 없는데 어떻게 사람들이 나를 좋아해 주길 바랄 수 있겠는가. 나 역시도 어떤 것을 표현해야 할지 알지 못하는데 어떻게 재능이 있다고 말할 수 있겠는가.

돌아서면 마음에 들지 않아, 내가 추구하려는 것은 도대체 어떤 형태의 것인가. 밤의 잔인함인가 덧없는 아름다움인가 내면과 이어진 선인가 감정의 색깔인가.

제1곡

　밤은 찬란하다. 달이 있고 우리의 시선을 피해 숨어있는 별들이 있고 요정이 있고 이슬이 있고 영감이 있다.

　잔잔한 호수가 있고 그 위를 떠다니는 부서지는 빛의 갈래가 있다. 꿈이 이루어지는 환상이 존재하고 반짝이는 미래가 있다.

　잠들지 못하는 이들의 노래는 쉬지 않는다. 보이지 않는 밤의 결정들이 금속의 타악기 위를 사뿐히 걸어 다니는 것처럼 조화롭고 수줍은 경쾌함으로, 깨어 있는 영혼들을 맞이하고 위로한다. 달콤하지만 부서진 낭만 같은 노래, 잡히지 않는 환상을 불어넣는 밤의 숨결 같은.

　밤이 되면 숨어있는 보석 같은 재능들이 빛을 낸다.

　그래서 더 찬란해진다. 죽어 있는 재능들이 너무나 많아, 밤은 그들이 살아날 유일한 시간이 된다.

그들은 눈부시다. 자신의 감정과 완벽하게 동화된 느낌을 온몸으로 표현하는 사람들은 빛이 난다. 거기에 뛰어남과 즐기는 마음과 젊음이 더한다면 새벽의 달빛도 그보다 밝지 않고 시선을 사로잡을 수 없다. 예술적인 애티튜드, 뿜어내는 숨에 맞춰 우아하게 움직이는 날갯짓, 내 앞에 존재하는 보이지 않는 것들을 껴안는다.

깊은 곳에서 뻗어 나오는, 꾸미지 않은 순수함의 동작을, 매력적인 움직임을, 그 가질 수 없는 마음의 행동을 사랑한다. 그들은 밤의 뮤즈, 예술가들의 시간을 밝혀주는 모두의 뮤즈이면서 동시에 나의 것이 된다. 그들이 그리고 짓고 만드는, 밤을 밝히는 청춘의 여러 갈래의 재능들. 그것은 피아노의 연주이면서 그림의 화풍이면서 글의 사조다.

보수적이면서 기품이 있고, 격정적이면서 우아하고, 세련되면서 고급스럽고, 섬세하고 부드럽고, 고상하고 날렵하기도 하며, 절제되어 있다. 그 모든 연주와 화풍과 사조를 가지고 싶어, 누구도 넘보지 못할 절대 재능과 표현력. 그리고 나는, 세련되고 예술적이고 대중적이기를 원한다. 하지만, 절대 대중성을 가지지는 못할 것 같아, 그것은 알 수 없는 나의 내면의 고집이다.

끓어오르는 내면을 어떻게 대중적으로 표현할 수 있는지 나는 알 수 없다. 나를 눌러 담을 방법을 알지 못한다.

그것은,

나의 밤이다. 밤의 이중성.

제2곡

그것은, 상실과 공허. 어떤 밤에는 찬란하면서 또 다른 밤에는 보잘것없다. 쉬지 않는 기괴한 박자의 B^b 음이 반복되는 음산한 주문. 일정한 박자로 리듬으로, 가끔은 예상하지 못한 순간에 나타나 정신을 공격하고 세뇌를 건다. 최면에 빠지는 것 같다. 맑은 정신은 혼란스럽고 침착함을 유지할 수 없다. 하찮게 버려지는 길가의 낡은 종잇조각 같은 의미를 잃은 것이고 불안함이고 처절함이다.

왜 이런 작업을 지속하는지 알 수 없게 만든다. 그래, 그런 생각이 들 때가 있어. 가끔, 이제는 조금 익숙하게 생각이 들어, 무슨 이유에서인지 왜 글을 쓰고 그림을 그리는지 누구를 위해서인지 무엇을 위해서인지, 그런 허무한 생각이 의미를 잃게 만들어.

그래서 밤은 잔인하다. 영혼들의 한숨을 들

어도 쉽게 외면해 버리거든. 누구나 쉽게 밤의 일원이 되지만 젊음을 바치는 대가는 너무나 가혹해, 정비례하게 보상을 주지 않는다. 밤을 떠도는 과거의 청춘과 흘러버린 젊음의 가능성이 어디에나 널려 있다.

젊고 뛰어난 재능들은 더 많아지고 이미 젊음을 살고 있는 이들은 점점 빛을 잃어갈 것이고 예민한 감각은 둔해질 것이고 타고난 감수성도 녹슬게 될 것이다.

그 전에 빛을, 낭만을 볼 수 있을까.

밤의 이슬은 하늘에 닿으려는 인간들의 땀과 눈물. 고뇌의 결정. 인내의 응어리.

의문을 가슴 속에 감추고 목을 메이게 하는 슬픔을 토해내는 탄식. 밤을 밝히는 별빛에 바싹 말라 사라지게 하고 싶은 소망이 담긴 시. 악곡.

제3곡

나의 밤은 생생하다.

이따금, 하지만 지속적으로 그것은 나를 괴롭힌다. 기억을 먹고 존재하는 것처럼 절대 잊을 수 없게 나를 찾아온다. 멋대로, 나를 가지고 논다. 나는 항상 도망을 치고 나를 지킬 수 있는 공간으로 몸을 숨기고 그것이 찾을 수 없도록 문을 걸어 잠근다. 열리지 않도록 견고하게, 몇 번이나 확인하고 비로소 안심하는 그 순간, 뒤돌아서면 마법처럼 문은 열려 있다. 완벽한 공포다. 절망이다. 무력함이다. 다급함에 손이 떨리고 열이 오르고, 그 느낌은 실제로 전해진다.

재빠른 발걸음, 바닥을 사정없이 울리는 발소리, 멀어졌다가 가까워졌다가, 작아졌다가 순식간에 커져 버리는 그 소리, 사방에서 들려와 어디로 오는 것인지 방향조차 알 수 없다. 불안한 심장은 터질 것 같고 미칠 것 같고 모든 것을 포기하고 주저앉고 싶어진다.

그것은 빠르게 나를 찾아내고 나를 잡으려고 다가오고 나는 숨 가쁘게 문을 다시 잠그고, 그러면 또다시 문은 열리고 흐물흐물하게 휘어지고 틈으로 그것이 들어온다.

나는 도망친다. 달아난다. 밀려오는 무서움에 짓눌리고 불안히고 숨 막히고 온몸이 떨린다. 마음이 쪼그라들고 어디에서도 마음을 놓을 수 없고 얼른 이곳에서 벗어나기를, 깨어나기를 간절하게 바라고 바랄 뿐이다. 어째서 굳게 잠긴 문이 쉽게 열리는지, 왜 잠기지 않는지, 어떻게 해야 나를 지킬 수 있는지, 아무것도 알지 못해 답답하다. 울고 싶다.

그것이 나를 충분히 데리고 놀았다는 생각이 들면, 그때서야 나는, 눈을 뜬다. 익숙한 회색 천장이 보이고 푸르스름한 창문이 보이고 그제야 나는 모든 것이 꿈이었다는 사실에 안도한다. 더는 도망칠 필요도 달아날 필요도 없다는 사실에 마음을 놓는다. 공포에서 해방된다. 하지만 그것은, 일시적이야.

밤의 생명력에는 나의 모든 것들이 녹아 있다. 지금도 여전히, 나의 청춘과 젊음과 노력과 고뇌와 한탄을 먹으며 생명을 지속시키고 샘솟는 양분을 흡수하고 있다. 밤은 지독하다. 찬란하고 낭만적이다. 벗어날 수 없어서 더 악랄하다.
불시의 밤.

그것은, 절대 사라지지 않아, 밤이면 또다시 나를 찾아온다. 지금처럼, 한결같이, 지치지도 않고. 나는 의미를 찾고 굳건한 뿌리를 찾고 나의 젊음을 다시 그들에게 바친다. 지금처럼, 한결같이, 지치지도 않고.

먼지 달

끝난 것 같지만 끝이 아니야,

달은 영원하지.

만월의 밤, 너는 서늘하고 여전히 창백하다. 얼룩진 멍 자국과 너를 뒤덮고 있는 차가운 조각들은 흘러갈 생각 없이 가만히 머물러있다. 누구나 너의 그 시퍼런 빛 아래에서 꿈을 말하고 나를 고백하고 상념에 젖어 들고 이룰 수 없는 환상을 꿈꾼다. 신비롭고 오묘한 너의 색에 홀리고 묵묵히 지켜보는 모습에 위로받는다.

너는 낭만적이고 잔잔하고 아름다웠다가 격동적이고 분노를 드러내기도 한다. 한 줄기의 심세함을 잇달아 보여주며 새벽을 지새우게 만든다.

나는, 너의 폭풍 같은 슬픔에 동요하고 감탄하고 동시에 서슬 퍼런 날카로움에 몸을 떤다. 오소소, 돋아나는 소름에 살갗이 긴장하는 것을 느끼고, 그 강렬함을 몇 번이나 반복한다.

만월은, 너를 둥글고 크고 가깝게 보이는 즐거움을 준다. 가까이에서 보는 너의 빛나는 창백함은 희고 검은 먼지가 뒤엉킨 모습이다. 까만 너의 멍 자국을 고요하게 덮고 있다. 하나둘 먼지가 떨어질 때마다 너의 어둠이 나타났다가 작게, 그리고 사라진다. 파동은 자잘 자잘, 가볍게 몸을 떨고 나는 오늘도, 그 모습을 가만히 지켜본다.

"그것은 외로움이 섞인 아련한 마음이다. 방향을 잃고 한 자리에 가만히 멈춰 서로를 공격하던 마음은 텅 비어 버린 껍데기로 남는다. 그 테두리 안에 따뜻한 향기가 바람을 타고 들어온다.

'월광'은 낭만적인 '달빛'이 되어 심장을 둘러싼 얼음을 녹이게 된다. 얼음의 눈물은 눈부신 은색으로 빛나며 캔버스에 스며들어 결국엔 그 차가움을 버린다."

KISS

"그래,

나는 리스트의 라 캄파넬라(*La Campanella*)를 사람들이 종소리라고 착각하게 연주하고 싶었고 월광을 너무나 눈물 나게 연주하고 싶었고 *Merry Christmas Mr. Lawrence*를 덕분에 알게 되었어. 듣는 사람의 마음을, 우울한 마음을 도입부만으로 무너지게 만드는 그 선율의 음악, 그것을 정말 많이도 연습했어."

늘 똑같은 장면을 상상하고는 했다. 어느 시기가 그랬다. 하고 싶은 것이 많고 모든 것이 가능할 것처럼 여겨지던, 기회가 항상 열려 있었던 어느 시절이 있었다.

상상 속에서 누구나 될 수 있었고 최고였고 늘 관심을 받았고 빛이 나는 존재였다. 여자는 음악에 타고난 소질을 보였는데 음감과 초견에 특히 뛰어났다. 쉬는 날이면 항상 피아노를 연주하느라 하루를 다 보내었고 그 시간은 즐거움이었다. 생각하는 모든 연주를 하고 그것은 단연 최고의 연주였고 완벽했고 길거리에 그냥 놓여 있는 피아노를 연주하면 어느새 구경하는 사람들과 손뼉을 치는 사람들로 둘러싸여 환호를 받았다. 여자는 항상 그 모습 그 순간을 상상했다. 많은 사람 앞에서 연주하고 싶었다. 자연스럽게, 우연히, 그리고 놀랍게. 이름을 알리고 싶었다.

모든 것은 갑자기 다가왔다. 한가로운 오후에 여유로운 발걸음이 기분을 따스하게 만들어

주던 그때, 어디선가 들려오는 종소리가 바람 끝에 몽우리 졌다. 여자보다 몇 발짝 앞에 걷던 아이와 반대편에서 걸어오던 사람들 모두 어디서 들려오는 소리인지 신기해하던 순간에, 눈을 감고 자세히 듣던 누군가가 소리쳤다.

"이건 종소리가 아니라 피아노 소리인데?"

피아노 연주는 종소리였다. 여린 종소리가 참으로 맑고 투명하게 울렸다. 사람들은 넋을 잃고 미지의 연주를 감상했다. 리스트의 라 캄파넬라(La Campanella)는 완벽한 기교와 섬세함으로 실제 종이 울리는 소리처럼 들리는 마법을 일으켰다. 환상의 연주였다.

누구일까, 이런 연주를 하는 사람이.

조용히 손뼉을 치는 사람도 있었다. 보이지 않는 누군가가 만들어 낸 기묘한 연주회였다. 피아노 소리가 끝나자 사람들은 다시 제 갈 길을 가기 시작했다. 아무 일 없었다는 듯이. 여자는 종소리를 떠올렸고 연주를 하는 자신의 모습이 보였고 그것은 조금 전 연주와 똑같은 것이었다.

여자는 지금의 감동을 잊고 싶지 않았다. 당장 악보를 구입했다. 리스트의 악보는 처음 보는 것이었고 물론 배우지도 않았던 것이었고 그 엄청난 음표들의 움직임은 큰 위압감을 주기 충분했다.

수준이 테크닉 이상을 요구히는 긴 호흡을 눈으로 확인하는 순간 완벽한 연주를 들려주었던 누군가를 떠올렸다. 단 한 번뿐이었을 그 섬세함을 생각했다.

"그래,

Say you love me, 재즈풍의 피아노 선율이 건반 위를 흐르듯이 자유롭게 움직이는 경쾌한 소리, 그 미세한 떨림과 작은 소리마저 따라잡으려고 악보를 그렸어.

시작과 동시에 누구나 사랑에 빠지는 신비함이야.

이 곡을 알게 된 것은 정말 행운이었어."

남자는, 아주 검은 머리카락에 가늘고 긴 손가락을 가지고 있었다. 눈매가 기다란 날카로운 인상이었다.

헤비스모커. 말수가 적은 비밀스러운 남자. 구김 없이 몸에 딱 맞게 떨어지는 흰색 셔츠를 즐겨 입고 검은색 그랜드 피아노처럼 신비로움과 위압감을 동시에 주는 사람.

피아노 학원 강사로 일하는 그는 가끔 의뢰가 들어오면 작은 재즈 바에서 연주하기도 했다. 그의 연주가 시작되면 대화를 하는 것도 잊어버린 채 모두들 조용히, 숨죽이며 그 모습을 바라보았다. 연주에 집중했다.

피아노 선율에 온 마음을 주었다.

"이 곡 어디서 많이 들어봤던 곡인데, 무슨 곡이었지?" 가녀리게 시작한 울림, 그것은 반복적으로 자잘한 떨림을 주며 이내 부서질 것처럼 보였다. 남자의 연주가 시작되었다. 여자는 처음 들어보는 곡이었다.

"영화에 나왔던, 전장의 크리스마스였던가, 거기 나오는 음악이잖아. 제목이.... Merry Christmas Mr. Lawrence."

남자는, 완벽했다. 여자의 상상으로 존재하는 모든 것을 가지고 있었다. 그것은 타고남이었다. 사람을 잡아끄는 매력과 어떤 곡도 소화할 수 있는 기교와 테크닉과 섬세한 감정표현과 즉흥적으로 편곡할 수 있는 재즈에 대한 이해는 여자가 절대 가지지 못하는 것이었다. 타고난 재능이었고 아무에게서나 볼 수 없는 아우라였다. 여자는 남자의 연주를 가지고 싶었다. 누구도 남자를 뛰어넘을 수 없을 것 같았다. 그런, 연주였다.

여자는 남자보다 어려서, 훗날 남자의 나이가 되었을 때의 모습을 자주 상상했다. 사람들 앞에서 피아노 연주를 하는 모습, 남자가 연주했던 곡을 똑같이 연주하는 모습, 그중에서도 특히.

누구도 따라 할 수 없는 아우라를 가진 연주를,

평생 여자의 로망이 되어버린 월광을.

빛의 소리마저 숨죽인 그 짧은 시간, 숨을 내뱉을 수 없는 그 긴장의 순간, 그는 눈을 감고 연주를 시작했다. 그는, 눈을 감았다. 담담했다. 달의 온도만큼 서늘하고 시린 연주는 멍든 마음이었다. 남자의 차가운 연주와 다르게 여자의 마음은 벅차고 뜨거워서 금방이라도 터질 것 같았다.

남자의 이마에서 땀이 흘러내렸다. 여자의 마음속에 박제되어 영원히 끝나지 않을 유일무이한 환상이 되었다.

그렇게, 꿈에서나 존재할 것 같은 월광과,

네 마디의 시작과 동시에 곡과 사랑에 빠지게 만드는

Say you love me,

여자에게 또 다른 세상을 알게 해준 일탈 같은 재즈곡, 편안한 분위기와 자유로움, 건반을 가지고 노는 것 같은 남자의 설렘을 잊을 수 없었다.

여자는, 남자를 떠올렸다. 이제는 사람들 앞에서 연주하는 상상을 하지 않고 피아노를 친 지도 오래되었고 모든 것이 희미해져 버린 어느 날.

헤비스모커에 무심한 표정과 항상 정돈되어 있는 검은색 머리카락과 즐겨 입는 무채색의 셔츠가 생각났다. 가늘고 긴 손가락과 새벽의 달빛이 잘 어울리는 시니컬한 분위기를 기억했다. 그리고, 남자의 마지막 모습을, 그가 마지막으로 연주했던 곡을, 그 놀람과 전율을 다시 생각했다.

그 음악은 나에게 자유였어. 함께 동화되어 날아갈 것 같은 느낌을 주었어.

환상곡풍으로

그것은 완벽한 그, 자신 혹은 그가 표현해야 할 그의 모습. 잡을 수 없다. 이것은 나의 의식의 흐름에 따라 흘러가는 이야기. 터질듯한 이 마음을 제대로 표현할 수 없기 때문에, 문장과 말로는 나타낼 수 없는 수준의 것이라 두서없이 나의 감정을 쏟아낸다.

낭만과 환상 속에 보이지 않는 절망과 격정적인 분노에 대해. 그의 좌절과 분노는 나를 미치게 만든다. 누구라도 그 앞에서는 제정신일 수가 없다. 너무나 아름다워서 경이롭기까지 한, 눈부신 섬세함. 한 인간의 가슴 아프도록 처절한 고통이 누군가에게 아름다움으로 다가오는 환상이.

황홀하다는 말로도 설명할 수 없는 이 벅차오르는 미친 감정을 표현하고 싶다.

어떻게?

어떻게 표현할 수 있을까. 그의 섬세한 감수성은 나의 예민한 신경을 괴롭게 한다. 좌절과는 결이 다른 고통을 안겨준다. 그것은 감탄. 섬세함. 아니다, 그것은 일반적인 섬세함이 아니야.

우아하고 구슬픈. 힘이 실려 있지만 가벼운. 찰나를 여러 갈래로 쪼개어 느슨함과 긴박함을 동시에 몰고 와서 덮쳐버리는 기이한 가녀림. 떨림. 몸서리치도록 소름 돋는 떨림.

또다시 절망, 거친 분노. 반복. 끝이 없는. 그리고, 아무도 눈치채지 못한 여림. 정말로, 아무도 알지 못했던 구슬픔. 그만이 표현할 수 있는 내면의 절박함. 고요한 호수 위를 불안과 위험을 안은 조용함으로 걸어 다니는 발걸음. 위태롭지만 결코 날카롭지 않게 만드는 낭만적인 섬세함. 쇼팽의 흐름. 물 위를 흐르는. 춤추는 손가락.

나는, 그의 연주를 사랑한다. 그의 표현을 못 견디도록 사랑한다. 부서지고 무너져 내리는 마음의 파괴조차 사랑한다. 숨 쉬는 것조차 잊어버리게 만드는 7분 25초. 그 완벽한 영원의 시간.

베토벤의 월광 3악장을, 리스트의 라 캄파넬라(La Campanella)를 완주하지 못하고 포기했던 나에게, 환상을 담아서.

짧은 미(美)의 찬양

그것은 그 순간 심장을 때리는 눈부심, 간절한 무엇인가가 존재하는 순간, 결코 영원하지 않고 시간의 흐름에 따라 흘러가는 반짝이는 것들. 사물 혹은 감정들.

그리고, 나의 반짝임.

그것은 숨이 섞인 야릇한 목소리, 묘한 허스키함과 숨소리가 미세하게 들리는 목소리, 날렵하면서 다부지고 자유로움이 섞인 움직임과 몸의 실루엣. 마음을 현혹시키는 진지한 태도. 눈속임 없는 진짜 실력.

뒤틀린 마음을 표현하고 싶지만, 결코 포기

할 수 없는 아름다움. 영원한 에곤 실레. 살아있는 표정의 인물 그림들. 도무지 따라 할 수 없는 붓의 터치. 비쩍 마른 얼굴의 선. 그를 따라 하고 싶은 표현주의.

고흐와 물랑루즈의 친구 툴루즈 로트레크. 시대를 뛰어넘는 그의 안목, 춤을 추는 듯한 흐르는 선, 날아다니는 색채들. 파리의 인상주의.

리스트와 낭만주의. 그의 타고난 기교와 화려함. 시도조차 할 수 없는 파가니니 대연습곡 6번. 베토벤과 고전주의. 오른손과 왼손의 주제가 바뀌는 난이도의 연주.

오스카 와일드의 유미주의, 탐미주의. 보들레르의 우울, 퇴폐주의, 데카당스. 나에게 끊임없는 영감을 주는 유일한 분위기들. 나의 사랑. 그 시대의 작가와 예술가와 화가들, 음악가들. 기억나지 않지만 그 외의 많은 것들. 그리고, 재즈. 잭 케루악과 함께 길 위를 여행하는 반항의 청춘. 감정이 막혀 있는 나는 절대로 연주하지 못한 순간의 애드리브.

그것은, 지금은 볼 수 없는 뚜렷한 개성과 창조와 창작의 아름다움들.

신환상 2

그런 날이 있다. 한없이 우울해질 때. 불안한 미래에 대해 희망이 보이지 않을 때. 지금처럼 비 내리는 새벽 같은 날. 잠도 오지 않고 빗소리는 유난히 커서 마음의 위안이 되지 않을 때, 바로 지금.

태풍을 머금은 비는 매섭고 강렬하고 절대 끝나지 않을 것 같이 나를 두드린다. 내가 소리의 존재를 느낀 순간부터 소리는 점점 거대해지고 창문의 경계를 넘어 가까이, 다가온다.

나는 도망갈 곳 없고 항상 그 자리고 소리를 그대로 떠맡아야 하고, 그것은 나를 숨 막히게 만든다. 내가 할 수 있는 것은 참는 것뿐, 아무엇도 없다.

억지로 잠을 자려는 노력을 멈춘다. 꽤 커다란 창문으로 들어오는 거리의 가로등 불빛과 네온사인의 빛이 비와 섞여 푸르스름하게 번진 채로 떠 있다. 살갗으로 느껴지는 공기는 새벽 세 시, 아니면 네 시, 그 어디쯤의 온도로 느껴진다. 이제는 너무나 익숙한 새벽의 호흡, 거기에 발맞추고 있는 나의 제자리걸음.

나를 매 순간 붙잡는 과거의 향기는 오래도록 머물러도 되는지 이제는 슬퍼지고, 미래는 도대체 어떻게 될 것인지 길도 모른 채 무작정 걷기만 하는 요즘이라, 마음은 금세 비에 젖어 축축해진다.

하늘에 떠 있는 먹구름과 그 사이로 흐리게 보이는 달, 나는 이상한 풍경을 본다. 달 앞에, 만들어 놓은 구름 모형을 얹은 것 같은 이상한 광경은, 마치 연극의 배경에 쓰이는 판자처럼 구름을 따로 그려내어 붙인 것처럼 보인다. 달은 무심히 흘러가고 구름만이 움직이지 않고, 영원히 움직이지 않고 그 자리, 가만히 서 있다. 구름과 하늘은 어울리지 못하고 결국은 동떨어진 공간에 존재하는 같은 시간을 보내는 것들이다.

나는 시간이 지나도 항상 같은 자리인데, 나는 앞으로 나가길 바라는데, 영원히 멈춰 있는 저 구름은 지금의 나를 보는 것 같은 기분이 들어.

창문에 부서지는 빗줄기는 줄어들 기미가 없다. 방울방울 부서지는 둥근 빗방울이 탁탁, 잠을 방해하는 소리를 계속해서 들려주고 있다.

만남, 물랑루즈 소년

마음이 고장 난 기분이었다. 여자는 요즘 마음이 움직이지 않는 것 같다고 생각했다. 설레고 두근거리는 마음이 언제 생기는지, 좀처럼 반응을 하지 않았다. 새롭지 않고 지루하고 시시하고 무감각하고, 어떤 것도 여자에게 자극을 주지 못했다. 그저, 하루하루가 무료했다.

그날은 출근 시간보다 조금 일찍 바(Bar)에 도착한 날이었다. 난데없이 내린 소나기에 애써 만졌던 머리 모양이 비에 젖어 헝클어졌다. 여자는 짜증 어린 표정을 짓고선, 머리와 어깨에 내린 빗방울을 손으로 털어내고 홀 안으로 들어섰다. 손님이 몰리는 시간보다는 조금 이른, 그래서 피아노 앞에 어떤 남자가 앉아 있는 모습에 자꾸만 시선이 갔다.

여자가 일하는 이곳은 재즈 피아노계의 쇼팽이라고 불리는 '빌 에반스'와 비밥의 사제라 불리는 '셀로니어스 몽크'의 이름을 본떠서 만든 재즈 클럽으로, 지하로 향한 좁은 계단을 내려가면 낮은 빛의 푸른색 조명이 손님을 반기는 곳이다. 라이브 재즈 연주로 유명하고, 그만큼 연주의 진입장벽이 높은 곳으로 유명했다.

여자는 '빌 에반스'를 좋아했는데, 이곳에서 일하게 된 큰 이유이기도 했다. 익숙한 멜로디를 자유롭게 변형시키는 피아노 연주는 여자를 항상 들뜨게, 소름 돋게 만들었다.

오른손의 애드리브로만 시작된 짧은 멜로디가 들렸다.

남자는 아마도, 오늘 연주하는 사람 중의 한

명인 것 같았다. 가만히 건반을 내려다보고 있었다. 피아노를 길들이려는 것인지 감정을 잡으려는 것인지 구분할 수 없는 무표정의 얼굴이었다.

아는 곡을 연주했으면 좋겠다, 갑자기, 불현듯, 남자의 옆모습을 보고 있으니 그런 생각이 들었다. 여자의 바람대로 이루어졌으면 좋겠다는, 그런 말도 안 되는 생각이, 그럼 알지도 못하는 저 남자와 사랑에 빠지게 될 거라는 그런 상상이. 아무래도 갑자기 내린 소나기에 기분이 말랑해진 것 같았다.

잠깐의 정적이 지나고 왼손의 루트 음이 시작을 알리자 Fm(마이너) 코드의 화음을 누르는 오른손의 아르페지오 연주와 함께 전주가 시작되었다.

음울하고 기괴한 분위기의 선율에 여자는 얼어붙었다.

어떤 곡인지 온몸으로 느낄 수 있었다. 숨이, 차올랐다.

Nature Boy.

영화 <물랑루즈>의 광팬인 여자가 특히 좋아하는 노래였다. David Bowie의 목소리와 마이너한 멜로디가 몽환적이고 구슬프게 들리는 묘한 매력의 곡이었다. 독보적인 아우라를 가진 음악이었다.

The greatest thing you'll ever learn is just to love and be loved in return

삶에서 가장 위대한 것은 누군가를 사랑하고 또 사랑받는 것이다. 영화의 첫 장면과 노래의 마지막에 폭발적으로 들리는 이 문장을 좋아했다. 여자는, 영화 <물랑루즈>를 몇 번이나 되돌려 볼 정도로 영화와 같이 정열적인 사랑을 하고 싶었다. 심장이 두근거렸다. 누군가가 이 곡을 연주하는 것은 처음 들어보는 것이었다.

어떤 연주를 들려줄 것인지, 다음의 멜로디를 기다렸다.

안단테의 느리기로 연주하는 남자의 손동작이 조금씩 빨라졌다. 살짝 빨라진 리듬을 느끼기도 전에 또다시 원래의 템포로 돌아왔다. 메인 멜로디의 연주가 끝나자 느려지고, 남자의 애드리브 부분이 시작되었다. 원래의 멜로디를 크게 벗어나지 않는, 세련된 연주였다.

There was a boy
A very strange and enchanted boy
마법에 걸린 것처럼 아주 매력적이고 신비로운 남자를, 어쩌면 여자가 꿈꿔왔던 사랑을 이루어 줄 수 있는 남자를 만나게 된 것인지도 몰랐다. 그런 착각이 들 정도로, 남자가 연주하는 Nature boy는 신비롭고 몽환적이고 마음을 애처롭게 만드는 연주였다.

마이너의 구슬프고 아련한 음악이 먼지 낀 파리의 거리에 생채기를 내며 울렸다. 아직은 죽어있는 사람들, 어둡고 음침한 마음들, 그것보다 더 생기 없는 크리스티앙의 방안을 맴돌았다. 글을 쓰고 있는 그의 주위를 배회하고 그는 술병을 들고 있었고 방은 온기를 잃은 푸른빛이었다. 음악은 아직 모든 것이 회색빛인 거리를 떠돌았고 마침내 멈춰 있는 빨간 풍차를 지나 저 멀리 사라졌다. 물랑루즈 전체가 음악의 음울한 매력으로 뒤덮이는 것 같았다. 테이블 위에 타자기와 그 옆에 놓인 반쯤 남은 압생트와 굴러다니는 빈 술잔, 여러 장의 종이와 쓰다 만 글, 물랑루즈의 커다란 풍차, 빨간색의 커다란 욕망과 화려함, 비극과 꺼져버린 희망, 그 모든 것들이 눈앞에 있는 것처럼 생생했다.

영화의 한 장면이었다.

남자는, 연주를 마치고 잠시 숨을 고르는 것 같았다.

갑작스러운 정적에 다시 눈앞의 현실로 돌아온 여자는 황홀한 꿈에서 갑자기 깨어 버린 것처럼, 순간을 잡지 못한 마음에 애타고 다급해졌다. 거친 파도를 탄 것처럼 온몸을 때리는 심장 박동이 조용한 홀 안의 무게를 흔들고 있었다.

싸구려 분 냄새와 향수 냄새, 값싼 술 냄새, 그리고 물랑루즈의 녹색 요정.

유리의 영롱함과 조각 사이로 퍼지는 맑은 녹색의 독약 같은 황홀함. 혹은 녹슨 것 같은 세월의 흔적이 묻은, 청동의 어두움이 더해진 흑갈색의 녹색.

몸 안으로 순식간에 퍼지는 짜릿한 시원함, 그리고 식도를 마비시키는 강렬한 향기와 중독되는 잔인함.

예술가들의 광기, 위로받고 싶은 환상, 머물고 싶은 안락함, 그 모든 것들을 이루어 주는 묘약 같은 너, 녹색 요정이여.

나에게도 너의 환상을, 보지 못하는 세상의 감각을 알려주고 나를 뛰어넘는 무의식의 세계를 보여주기를, 바라고 또 바란다.

너의 노래.

어두운 거리는 너의 목소리로 깨어나고 아름다운 선율에 방황하던 이, 가지지 못할 낭만에 취해 녹아내리는구나. 그것은 하늘을 가득 채운 빛나는 별, 떨어지는 색색의 낭만들, 그 아래 춤추는 붉은 우산, 붉은 풍차.

    그리고 언제까지나 환상에 취해 있기를 바라는 떠도는 마음들, 꿈.

록산느의 탱고

Jealousy, yes, Jealousy will drive you mad

창부의 노래.

빛나는 다이아몬드, 그녀를 사랑한 남자의 질투의 노래. 눈먼 감정에 사로잡힌 사람을 미치게 만드는 위험한 노래.

질투는 사람을 미치게 만든다. 몰래 쳐다보는 눈빛, 그 짧고 비밀스러운 마음은 어둠 속에 사그라든다. 그리고 모두를 숨죽이고 긴장하게 만드는 몇 초가 지나가면 비로소 막이 시작된다. 움직임이 빨라지고 호흡이 가빠지고 심장은 터질 것 같고 질투에 속박된 마음은 분노를 표현하기 시작한다. 계속되는 반복, 사람을 끝까지 몰아붙여 조급하게 만들고 돌이킬 수 없는 마음의 깊은 곳으로 데려간다.

그날은 평소와는 조금 달라 보였다. 너의 옷차림이 머리 스타일이, 어제와 다르게 신경을 쓴 모습이었고 한 번도 맡아보지 못했던 연한 향수 냄새가 네가 스칠 때마다 내 코끝을 맴돌았다. 향긋하고 달콤한 냄새가 낯설었다. 갈색 스트라이프 셔츠가 곱슬곱슬한 너의 머리카락과 잘 어울린다는 생각이 들어, 너에게 자꾸 시선이 가는 나를 어찌할 수 없었다.

오후 여섯 시가 지나자 너는 거울을 보며 이상한 곳은 없는지 옷매무새를 고쳤고 조금은 들뜬 표정으로 나갈 준비를 했다. 나는 그저 말없이 보고만 있었다. 너는 기분이 좋아 보였고 들떴고 긴장을 했고 거기엔 수줍음과 기대가 있다는 것이 얼핏 보였기 때문에, 나는 불안해졌다.

약속이 있어서 가볼게요, 너는 서둘러 자동차 키를 가지고 대답도 듣지 않고 밖으로 나갔다. 나는 내 생각이 틀리기를 바라면서 내일이 오기를 기다렸다. 너에게 오늘에 대한 이야기를 들을 수 있을 거라는 위안을 삼으면서, 조금 더 나아가 잘 되지 않았으면 좋겠다는 못된 생각도 했다.

제법 선선한 바람이 불었다. 마음이 싱숭생숭한 밤이었다. 창문을 열고 의미 없이 밖을 내다보았다가 다시 의자에 앉고 핸드폰을 보고 일어나고, 도무지 마음이 진정되지 않는 밤은 길기도 길었다. 지금쯤, 너는 설레게 만드는 누군가를 만나고 있을 터였다. 분위기 좋은 곳에서 적당히 예의를 차릴 수 있는 저녁을 먹고 술 아니면 조용한 카페에서 조금 더 가까워진 채로 깊은 이야기를 나누고 있을 것이었다. 간간이 어색해진 분위기가 되면 수줍게 웃음을 나누기도 할 것이었다. 그래, 나는 알지 못하는 누군가에게 질투를 느꼈다.

    오랜만이지만 익숙한 그 마음을, 나는 너를 통해 느꼈다. 내가 느끼는 이 감정을 너는 다른 누군가에게서 느낀다는 사실이 아프다.

이따금 나는 상상한다.

보는 것만으로도 사람을 압도하고 마음의 심한 동요를 일으키는 꽃 그림을.

내면에서 요동치는 모든 감정의 색깔을 담아 피워내는 꽃을.

질투를 담고 있는 노란 장미는 여리고, 높은 채도의 선명한 색깔은 나의 어두움을 담기에 한없이 환하다. 내 마음을 담기엔 밝음이 너무 크다.

그래서 나는 질투로 시작된 거짓말의 꽃.

사람들의 질투와 시기를 먹고 푸른빛이 붉게 변하는 미지의 꽃.

질투가 인간의 원초적인 본성과 가까운 감정인 까닭이다. 착한 척, 아무렇지 않은 척하는 겉모습과는 다르게 솔직한 마음이기 때문이다.

인간의 마음이란 그런 것이야.

그래서 나는 질투를 사랑한다.

그래, 질투.

그것은 너를 미치게 만들 거야.

막은 끝을 향해 달려간다. 계속되리라 생각했던 쇼(Show)는 끈적한 진흙탕 안에서 허우적거리고 질척이고 움직일수록 더 아래로, 빠져나올 수 없다. 지켜보는 사람들, 보는 눈은 늘어나고 질투에 먼 마음은 쉽게 전염된다. 질투는 사람들을 전염시킨다. 움직임은 강렬해지고 빨라지고 소리 지르고 남는 것은 본능뿐이다. 격정적인 마음은 기괴한 울음소리를 내뱉는다.

그리고, 막은 끝이 난다.

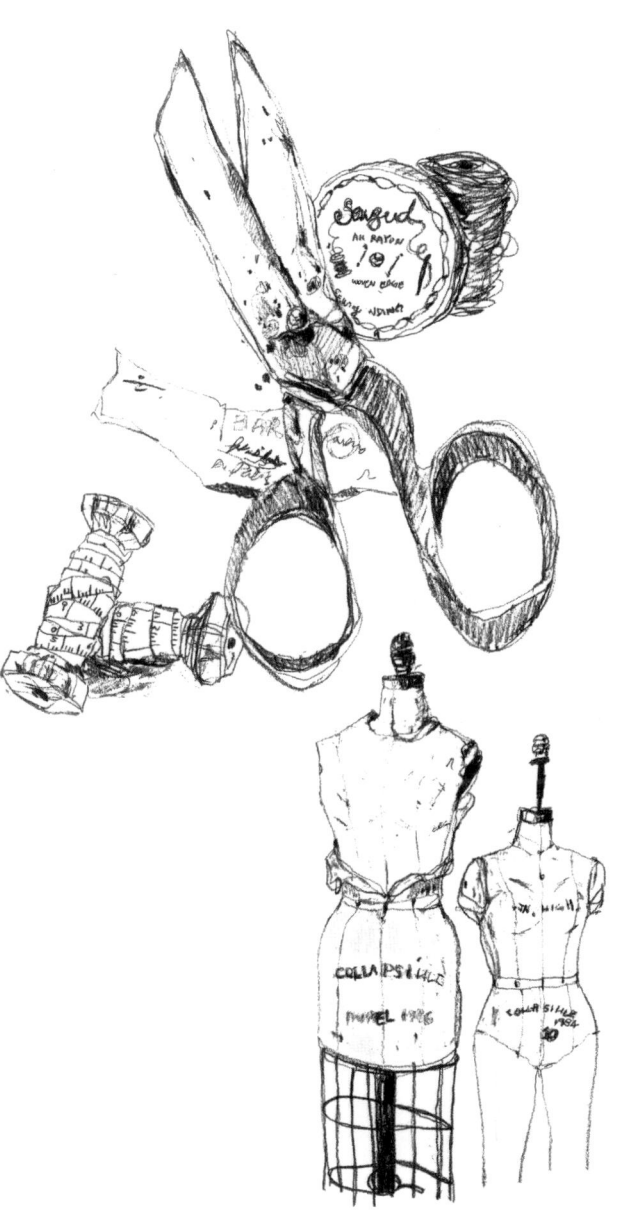

의상실

　문을 열자 익숙한 천 냄새가 먼지와 함께 밖으로 쏟아졌다. 여자는 아이롱 다리미의 물통에 물을 채우고 스팀이 잘 나오는지 확인했다. 옷을 재단하고 만들 때 다리미의 역할이 얼마나 중요한지 알고 있었다.

　두꺼운 광목으로 된 커튼을 젖히자, 오전에 알맞은 적당한 햇살이 들어와 의상실 안을 적당히 밝혀주었다.

　비슷하지만 조금씩 다른 누드 톤의 바디들 중에 마음에 드는 것을 신중하게 고른 후 다시 한번 괜찮은지 확인을 했다. 라인 테이프가 제대로 허리, 가슴, 목, 암홀 라인, 프린세스라인을 표시해 주고 있는 알맞은 두께감의 바디를 선호했고, 약간 바랜 듯한 색을 가지고 있으면 더 마음에 들었다.

여자는 항상 작업을 바로 시작하지 않고 뜸을 들이는 습관을 가지고 있었는데, 의상을 만드는 일이 썩 적성에 맞지 않는 것도 이유 중의 하나였다. 마주하고 있는 바디를 위에서부터 아래로 천천히 훑어 내렸다.

예쁘다, 라는 생각이 드는 몸매는 아니었지만, 누구나 상상하는 바람직한 형태의 군살 없는 몸이었다. 여자는 가끔, 사실은 거의 매일을, 이것과 같은 사이즈의 몸을 가지고 싶다고 생각했다.

그것은 단순히 군살 없는 몸을 가지고 싶은 이유만은 아니었다. 어떤 옷이든 맞는 알맞은 몸, 내가 만든 옷을 예쁘게 입을 수 있는 몸, 그것을 가지고 싶었다. 여자는 의상실에 머무는 동안 항상 생각했다. 그것이 그녀를 슬프게, 무기력하게 만들었다.

여자는 점점 무기력해졌다.

작업은 늘 그렇듯 속도를 내지 못했다. 마음을 짓누르는 형체 없는 덩어리가 끊임없이 달라붙어 방해했다. 끈질기게, 악의를 가지고. 그것은 의상실에 숨어 있는데 여자를 괴롭히기 위해 존재하는 것 같았다.

커다란 공간, 그 자체로 존재했다.

아무도 없는 의상실은 재봉틀이 가끔 내뱉는 소리, 오래된 패브릭에서 뿜어져 나오는 퀴퀴한 냄새, 부유하는 먼지들로 멈춰있는 듯한 공기를 생생하게 느낄 수 있었고, 그 시간은 여자가 의상실에서 가질 수 있는 유일한 편안함의 시간이었다. 바깥과 동떨어진 시간이 흐르지 않는 곳에 있다는 느낌, 그것은 마구잡이로 머릿속을 헤집는 많은 생각을 멈추게 했다. 작업대 위에 올려져 있는 패턴 종이와 패브릭을 옆으로 밀어 놓고 근처의 빵 가게에서 사 온 야채 샌드위치를 꺼냈다. 한 입 베어 물고 반밖에 남지 않은 블랙커피를 한 모금 마셨다. 잘 구워진 양파, 버섯, 호박의 맛과 은은하게 올라오는 통후추의 향이 입안을 가득 채웠다. 크지 않은 샌드위치 탓에, 더 이상의 음식을 먹지 않도록 최대한 천천히, 아쉽다고 느끼지 않게, 맛을 음미하며 포만감을 채웠다. 그리고 약간의 작업, 그것이 의상실에서 여자가 하는 행동의 반복이었다.

여자는 조금씩 조용해졌고 흥미를 잃어갔고 의기소침해졌다. 처음 의상실에 왔을 때의 설렘과 자신감과 지금부터 가지게 될 모든 가능성의 길이 꺾이는 것을 느꼈고 앞으로 나아가야 할 방향이 뒤엉키는 것을 온몸으로 체감했다. 잿빛이었다. 의상실에 떠도는 먼지가 낡고 낡아 그을린 황토색으로 뒤덮인 사막 같은 건조함, 황량함이었다. 여자가 만든 옷을 입고 있는 누드 톤의 딱딱한 몸, 그것은 언제 만져도 적응이 되지 않았다. 허리에서 골반으로 이어지는 인위적인 곡선은 비현실적으로 매끈했다. 그것은 곧, 사람으로 바뀌었고 북적거리는 의상실로 바뀌었고 각자의 옷을 만들고 거울 앞에서 입어보고 즐거워하는 모두의 모습으로 바뀌었다.

여자는 가만히 지켜보면서 혼자 동떨어져 갔다. 말하지 않아도 은근히 전해지는 무시와 허세 가득한 분위기는 여자가 절대 적응할 수 없고 좋아할 수도 없는 것이었다. 여자는 그런 감정을 특히 잘 느꼈다. 그녀는, 직접 만든 옷을 입을 수 없었다. 옷은 턱없이 작았고 그것은 모든 여자가 부러워하는 마른 몸을 위한 것이었다. 여자는 의상실에 있는 사람들이 떠받들고 찬양하는 마네킹 같은 마른 몸이 아니었다.

나를 위한 옷을 만드는 즐거움, 내가 만든 옷을 예쁘고 당당하게 입을 수 있는 자신감. 여자가 의상실에 있을 때 느낄 수 없는 것이었고 여자는, 혼자 있을 때면 거울을 보며 도망치고 싶은 생각이 들었다. 자신의 모습에서, 의상실에서, 사람들에게서 벗어나고 싶었다.

그중에서 특히,

자신의 인생에서.

의기소침해지는 내면의 변화가 너무 보기 싫어서 멀리멀리 달아나고 싶었다.

여자는 너무 어렸다. 소심하고 자아를 찾기 전이었고 주변의 영향에 쉽게 물들었다. 웃으면서 받아치기에는 내면이 단단하지 못해서 항상 움츠러들었던 시절이었다.

여자는 지금도 가끔, 퀴퀴하고 특유의 곰팡이 냄새가 나는 의상실을 생각하고는 한다. 후덥지근한 공기가 문을 열면 밀려 나오고 가지각색의 천 부스러기가 널려 있는 과거의 공간. 시간은 여자에게만 더디게 흐르면서 혹독한 인생을 알려주었다. 혐오하는 인간의 종류와 그들을 보면서 내면을 풍요롭게 만드는 시간의 흐름을 배웠다. 여자에게 외면을 가꾸는 습관을 주었고 그것은 과거에서 경험한 강박감이 언뜻언뜻 보이는 엄격한 것이었다.

  여자는 옷장에서 옷을 하나씩 꺼내 침대 위에 올려놓았다. 내일 입고 갈 옷을 고르는 중이었다. 예쁘게 보이고 싶은 마음이 들어 있는 옷일 수도 있고 중요한 상황에 맞는 옷일 수도 있었다. 그것은, 지금은 아주 익숙하고 종류가 다양하고 예전에는 입을 수 없는 사이즈와 스타일의 옷이었다. 입어 보기를 항상 희망했던 것이었다.

  여자는 순간, 옷과 친해진 지금이었다면, 직접 만든 옷을 예쁘게 입고 거기에서 즐거움을 느끼고 적극적인 태도를 가지고 있었을 것 같다는 생각을 한다. 어쩌면, 정말 흥미를 느꼈을지도 모른다고 생각한다. 기억이, 과거로 그녀를 데리고 가는 것이다.

  하얀색 커다란 종이 위에 패턴을 디자인하는 모습이 즐거워 보인다. 꽤 집중하고 있는 모습이다. 작업은, 많은 고민과 생각을 필요로 하는 일이다. 평면의 선에 따라 달라질 옷의 라인을 머릿속으로 그려가면서 신중하게 그리고 있다. 그것은 자신을 위한 것이고 진심으로 배우기를 바라고 있고 완성된 옷을 입어보고 싶고 의상실에 있는 시간을 좋아하고 있다. 무기력하지 않고 절망적이지 않고 자신감이 있는 시간을 보내고 있다.

여자에게 의상실에서의 기억은 이미 오래된 것이고, 그것을 떠올릴 어떤 것도 남아있지 않다. 꽤 긴 시간을 보냈음에도 그것이 중요하지 않은, 그저 스쳐 지나가는 시간이 되어버린 것에 아쉬워한다.

가끔, 어느 순간 찾아오는 그런 생각이다. 여자는 표정 없는, 담담한 얼굴로 옷을 보고 몸에 걸쳐보고 거울에 비친 자신의 모습을 본다.

마틸다

　머리카락이 이리저리 엉켜 흩날렸다. 반곱슬의 머리카락은 바람에 찰랑거리지도, 밝게 빛이 나지도, 원래의 정돈된 모양으로 돌아오지도 않았다. 다만, 여자의 긴 단발머리에 적당한 볼륨을 주었고 자연스러운 개성을 가지고 있었고 여자는 그것이 무척 마음에 들었다.

　유난히 까맣고 까만 머리는 여자의 자부심이었다. 그것은 인공적인 약품으로는 나타낼 수 없는 오묘하고 신비한 색이었다. 푸른빛이 느껴질 정도로 까맣다는 말은 처음 들어본 것이었고 어린 여자의 마음에 꼭 맞아 들어 설레었고, 뒤에서 머리카락을 만지는 손과 목소리에 두근거렸던 마음은 오래도록 떠올랐다.

순간과, 신비로운 빛을 잃어버리고 싶지 않다는 고집은 영원히 변하지 않았다.

올곧은 햇살에 눈이 부셨다. 거리는 온통 맑음으로 빛났다. 유리창에 비치는 여자의 짧은 머리가 검푸르게 반짝거렸다. 오랜만에 느껴보는 짧은 머리카락의 가벼움이 상쾌했다. 여자는 지금, 잃어버린 1년 동안의 자신을 찾아가는 과정에 있었다. 여자는 암울했다. 초록의 풀처럼 생생하고 고귀했던 생각과 섬세한 태도는 비쩍 말라서 짓밟혀 버렸다. 그녀의 마음은, 양분을 빼앗겨 더는 자라지 않는 황량하고 삭막한 땅이었다.

여자는 그를 '그 사람'이라고 부르기로 마음먹었다. 애틋함이 들어 있는 '그'라고 부르며 회상하고 싶지 않았다.

여자와 그 사람은 취향이 달랐다. 그 거리는 너무 멀어서 의도적으로 가까워지려고 노력해야 할 정도였다.

그래도 좁혀지지 않았다. 주장이 강하다는 인상을 주기 싫었던 여자는 자신의 개성을 숨기고는 했다. 처음, 이번 한 번만, 은 반복되었고 자주 감추었고 그에게 맞추려고 애썼다.

습관은 무섭다. 그 모든 행동이 습관이 되어 익숙한 일상이 되고 말았다. 어느 순간 그 사람은 아무것도 물어보지 않았고 궁금해하지도 않았다.

정말 아무것도, 단 하나도 말이야.

여자의 관심과 취향은 잊혔고 개성은 사라졌고 그것은 여자, 스스로에게서도 멀어졌다. 자신을 만들어온 모든 것들을 무의미하게 버렸고 여자의 자아는 순종적이고 나약해졌다. 그 자리에는 주관도 색깔도 없는 평범한 것들이 대신했고 시간이 길어질수록 주체적인 생각, 이라는 것도 희미해졌다.

여자의 자아가 줄어드는 만큼, 까만 머리카락은 여자의 가슴께를 지나 허리까지 자랐다. 긴 머리는 그 사람의 취향이었다. 여자의 것은 아무것도 없었다.

그 사람에게 잘 보이려는 마음은 여자를 '을'의 입장으로 놓이게 했고, 배려와 다름을 맞춰 가는 과정이라고 생각했던 그 모든 시간이 여자의 일방적인 희생으로 이루어졌다는 사실은 점점 무겁게 다가왔고, 여자를 지치게 만들고 있었다. 무기력함, 내 의지가 꺾인 길들여짐, 주관이 없는 결정, 그 모든 것들이 여자의 긴 머리카락을 통해 보여지고 있는 것 같았다. 이대로, 여자의 남은 인생은 그녀의 껍데기로 남아 이리저리 휘둘릴 것 같은 생각이 들었다. 비어 있는 허물이 바람에, 빗방울에 바스러지고 분실되고 망가지는 것처럼 아무것도 하지 못하고 사라지는 것이다. 여자에게는 의외의 모습이 있었는데, 변덕이 심한 동시에 어딘가에, 혹은 누군가에게 정착하면 그 성질이 사라지고 진득함이 생긴다는 사실이었다. 여자는 그 사람과 그렇게, 1년을 보냈다. 그 시간은 여자의 마음이 거절당하고 외면받는 시간이었다.

 머리를 말리고, 거울에 비친 모습을 찬찬히 살펴보았다. 짧아진 머리에 얼굴이 더 도드라져 보였다. 조금은 지쳐버린 빛이었지만 점차 예전의 생기를 되찾을 것이다. 여자는, 지금의 모습이 꽤 마음에 들었다. 마주 보는 자신에게 말을 걸었다. 스스로 말하는, 다짐의 외침이었다.

 ...너무 늦게 깨닫게 된 거야. 그 사람은 네가 희생을 할 만한 가치가 조금도 없는 사람이었는데 말이야. 그 사람이 지어낸 환상을 너무 믿었던 거야.

 혓바닥으로 세운 허울뿐인 허상. 그 대가가, 나 자신을 버린 대가가, 망가진 모습을 온전히 스스로 받아내야 하는 사실일 줄이야. 얼마나 잔인한지.

여자는 지금도 가끔, 그 사람이 떠오를 때가 있다. 도무지 회복되지 않는, 더디게 자라고 있는 그녀의 자아와 비눗방울처럼 영롱하고 섬세하고 불안해서 매력적이었던 감성을 찾지 못할 때마다. 그 사람은 어째서 추억할 만한 감정을 하나도 남기지 못했는지 새삼 놀라울 때마다. 과거의 자신의 모습이 너무나 어리석다고 느껴질 때마다, 떠올랐다. 불을 끄고 침대에 누울 때마다, 생각들이 밀려오는 것이다.

그것은, 정말로 놀라운 일이야. 한 사람이 상대에게 아무런 영향을 남기지 못할 수 있다는 사실 말이야. 그건, 조금 슬픈 일인 것 같아.

턱 끝을 조금씩 스치는 까만 머리카락이 여자의 양 볼 위에 흘러내리고 간지럽혔다. 여자는 그것을 가만히 느낄 뿐이었다. 머리가 그새 자랐다, 고 생각했다. 다시 잘라야 할 때가 온 것 같다, 고.

한없이 투명한 블루

 하얀 종이 위에 굵고 가는 선들이 교차되었다. 진하고 연한 선들이 종이 위에 새로운 입체의 공간을 만들어 냈다. 메인이 되는 선이 진하면 진할수록 그림은 힘을 가지게 되고, 그것을 보완해 주는 다른 선들이 풍부해진다. 선이 가진 힘은 상상 이상으로 사람들에게 놀라운 감동을 안겨준다.

 그림을 그리는 것에 집중했다. 그림을 가로막는 계산적인 요소들이 너무 많아 머리가 복잡했다. 많은 생각을 하지 않고 자유로운 선으로, 손이 가는 대로 자유롭게 그려보고 싶은 욕구가 강하게 샘솟았다.

그리고,

예전부터 머릿속에 어렴풋한 이미지로만 떠오르는 그 불분명한 것을 어떻게든 시각적으로 표현해내고 싶었다. 튤립의 모양이면서도 결국엔 장미처럼 보이는, 주황색과 붉은색이 주를 이루는 강렬한 느낌의, 커다란 꽃잎만이 덩그러니 있는 한 송이의 꽃 그림.

하지만 갑자기 오랫동안 떠올렸던 그 강렬한 이미지의 색을 바꾸었다. 시리도록 파란, 한없이 투명에 가까운 블루의 꽃으로.

모델(Model)

허락받지 않은 그림

그런 날이었다. 평범한 일상에 조금씩 균열이 벌어지는 느낌이 드는 날. 호기심에 굴복해 버린 그런 날. 눈을 떴는데 평소와는 다른 풍경의 늦은 밤.

사각 사각 사각.
남자의 얼굴을 한 번 쳐다보고는 크게 한 번 숨을 내쉬고, 여자는 종이에 연필로 선을 긋기 시작했다. 무슨 생각으로 이 남자를 그리려고 한 것인지, 정확한 이유를 알지 못한 채 그저 손이 움직이는 대로 스케치를 하고 있었다. 아마도, 지금이 아니면 이토록 아름다운 남자를 다시 볼 수 없다는 생각이 들어서인지, 그저 남자의 아름다운 외모에 홀린 듯 그의 모습을 그림으로 남기는 것에 집중했다. 남자는, 푸른 장미 같은 모습이었다.

사각 사각.

방 안에 연필 소리가 울렸다. 조금은 머뭇거림이 섞여 있는 연필의 움직임이었다. 생각보다, 이 남자를 그리는 것이 쉽지 않았다. 자고 있는 남자를 몰래 그리는 것에 대한 죄책감 때문인지 남자의 얼굴을 볼 때마다 자신의 얼굴이 화끈거리는 것이 느껴져 어딘가에 쫓기는 기분이 들었다.

여자는 들고 있던 연필을 내려놓으며 작은 한숨을 쉬었다. 몇 번이나 지우고 실패한 그림이 마음에 들지 않았다. 눈으로 보면 뚜렷한 이목구비가 그림을 그리려고 하면 희미해졌다. 이상한 일이었다.

 잠들어 있는 남자는 조금의 움직임도 없었다. 여자가 부엌에서 물을 잠깐 떠 오기 전까지는. 너무 놀라 그가 깨어 있었는지 기억이 잘 나지 않았다.

 남자는, 그림 앞에 서 있었다.

 호박색 눈동자보다 더 시선을 사로잡은 것은, 기이할 정도로 긴 손톱과 핏기 없는 얼굴과 이 세상 사람 같지 않은 기묘함이었다.

 ......

 살벌한 분위기였다. 하지만, 여자는 무섭다는 생각이 들지 않았다. 오히려, 이 세상에 절대적인 아름다움이라는 것이 존재한다면, 눈앞의 남자를 두고 하는 말이라는 생각이 들었다. 변하지 않을 것 같은 영원한 아름다움, 영원불변의 것이었다.

...남자를 그리고 싶다, 여자는 오로지 그 생각밖에 들지 않았다.

남자가 말없이 여자에게 다가왔다.

...무슨 행동을 할까, 혹은 말을 할까.

여자는 자리에서 조금도 움직일 수 없었다.

...지금이라도 도망쳐야 할까.

긴 손톱이 여자의 목덜미를 스칠 때 차가운 한기를 느꼈다. 뒤이어 귓가에서 낮게 울리는 그의 목소리에 소름이 돋았다. 그리고, 순식간에 사라진 남자.

그 자리에 남은 장미 향기.

친근함과 두근거림, 그 상반된 느낌

햇살이 꽤 따뜻하게 느껴지는 오전의 한 노천카페. 여자는 카페 의자에 앉아 카메라를 가져간 남자를 기다리고 있었다. 익숙하지 않은 길 탓에 헤매지는 않을까, 하는 생각에 일찍 나온 것이 생각보다 너무 빨리 온 것 같았다.

여자는 먼저 주문할지 고민을 하다가 남자를 기다리기로 마음먹었다. 그동안 카페 내부를 천천히 지켜보는 것도 재미있는 일이었다. 카페 주인이 아기자기함보다는 무심하고 시크한 분위기를 좋아하는 듯, 흔히 보이는 카페의 장식도 거의 보이지 않고 커다란 꽃 그림이 그려진 벽만이 포인트로 사람들의 시선을 사로잡았다.

"일찍 오셨네요, 오래 기다리셨어요?"

남자는 여자를 향해 미소를 지으며 그녀의 맞은편 의자에 가방을 내려놓고 자리에 앉았다. 혼자서 뭔가를 생각하는 듯 테이블에 기대고 엎

드리고 다시 고개를 들어 이리저리 흔드는 모습을 보며, 남자는 그녀와 거리가 가까워질수록 재미있는 여자라고 생각하고 있었다.

"아, 오셨네요. 저도 방금 왔어요."

여자는 남자에게 미소 지으며 카페 내부를 구경 중이었다는 말을 했다. 간단한 안부 인사를 하고 특별하지 않은 근황에 대한 얘기를 나누는 동안, 테이블 위에 주문한 아메리카노 두 잔이 서빙되었다.

"전화로 얘기한 것처럼, 카메라는 아직 괜찮은 상태의 제품이 들어온 것이 없어서 조금 더 걸릴 것 같아요. 일단, 지난번 카메라 안에 필름이 들어 있길래 제가 인화를 좀 했습니다. 그냥 버리기엔 너무 아까운 생각이 들어서…. 필름을 거의 다 채워서 찍으셨잖아요."

남자는, 그리고 단종된 필름이라는 얘기도 덧붙였다. 여자는 고맙다는 인사를 했다. 친하지는 않지만 어색하지 않은 남자였다.

그 순간, 갑자기 은은한 장미 향냄새가 바람에 섞여 향기가 여자의 주위를 맴돌기 시작했다. 아니, 장미 향기가 난다는 착각을 한 것 같기도 했다. 어디선가 불어왔다. 누군가 떠오르게 만드는 향기였다.

……
여자의 심장이 갑자기 두근거리기 시작했다. 장미 향이라는 것을 인지한 순간, 자신의 의지와는 상관없이 떨리기 시작하는 그 움직임에 여자는 당황스러웠다.

'그 남자'가 이 근처에 있는 것일까.
혹시, 지금 어디선가 지켜보고 있는 것은 아닐까.
왜 이렇게 가슴이 떨리는 것인지 확실한 이유를 알지 못한 채 여자의 모든 신경이 장미 향기에 집중되어 있었다.

    마주 앉은 남자가 그녀를 불렀지만 여자에게는 들리지 않았다. 미친 듯이 떨리는 심장 소리와 장미 향기, 그것만 존재하는 것 같았다.

상상력을 자극하는 향기

자신을 걱정하는 표정으로 바라보고 있는 남자의 모습이 눈앞에 들어오자 한순간의 착각인 듯, 향기롭고 그토록 매혹적인 장미 향기는 어느새 사라지고 없었다.

……

조금 전까지 온몸을 마비시키던 그 떨림은 도대체 뭐였을까. 안도감에 차츰 진정되는 심장 박동이 느껴지자 이번에는 떨림 대신 무엇인가 비어 버린 듯한 휑한 기분이 그 자리를 대신했다. 긴장과 약간의 두려움, 그리고 동시에 설렘이 섞인 어떤 기대감이 사라진 듯한.

여자는 고개를 돌려 주위를 한 번 둘러보았다. 정신을 차렸지만 이미 머릿속에 한 번 떠오른 생각을 지워버리는 것은 너무나 어려운 일이었다.

게다가, 생각지도 못했던 시간과 장소에서

직접적인 모습이 아닌 상상력을 자극하는 방법으로 마주하는 것은, 크나큰 영향력을 발휘했다. 여자는 혹시나 '그 남자'가 지켜보고 있을지도 모른다는 막연한 생각이 들자 대화에 좀처럼 집중을 할 수 없었다. 얼른 이 장소에서 벗어나야 한다는 생각 밖에는.

여자는 길을 걸으면서 주위를 한 번씩 둘러보기도 했지만 그 이느 곳에서도 지켜보는 시선은 없었다.

무슨 착각일까,
그것 봐, 지금도,
장미 향기가 나는 것 같아.

여자는, '그 남자'를 생각했다. 짙은 푸른빛, 어쩌면 보라색인 것 같은 머리카락을 가진 창백한 남자. 푸른 장미 향기가 나는 신비로운 그 남자를 생각했다.

장미 향기라....,

그리고, 갑자기 귓가에 들려오는 낮은 목소리. 여자는 본능적으로 목소리가 들려오는 쪽을 쳐다보았다. 놀라웠다. 정말 눈앞에 그 남자가 있었다. 그와 마주 보고 서 있으니 새삼 그의 존재감이 커 보였다. 그리고 올려다본 그의 호박색 눈동자는 흰자와 가까워질수록 밝은 주황빛이 좀 더 짙어졌다. 그 투명한 눈빛에 자신의 모습이 비치는 것을 보자 여자는 자기도 모르게 그 눈동자에 빨려 들어갈 것 같은 착각이 들었다.

그리고, 이제는 완전히 가깝고 확실해진 장미 향기.

여자는 얼마 못 가 그에게서 시선을 돌려 버렸다. 자신을 바라보고 있는 남자의 표정 없는 조각 같은 얼굴에 자꾸만 긴장이 되는 까닭이었다.

신환상 3

　밤이 되면 공기의 흐름이 멈춘다. 모두 쉼의 시간으로 돌아가 가만, 머물러있다. 방안을 가득 채운 공기는 그 자리에 머무르길 원하는 듯, 그 향기와 질감은 조금도 흩어지지 않는다. 여름의 끝자락에 걸린 뜨겁고 눅눅한, 숨이 막힐 듯한 더위의 공기다. 방 안에는 오래 정체되어 있어 먼지를 먹은 쿰쿰한 냄새가 가득하다.

　위층에서 이따금 들리는 쿵쿵거리는 소리도 이내 사라진다. 나는, 눈을 가늘게 뜨고 공기가 멈춰 있는 쪽을 바라본다. 보이지 않는다. 그저, 어둠이다.

　모든 감각은 숨죽이고 예상치 못한 소리 혹

은 냄새가 더해질까 두려워 몸을 웅크린다.

어둠의 흐름을 본다. 흘러가지 않고 제자리에서 사라지는 흐름을 본다. 집요하게 찾는다. 그것은 비너스 석고상의 머리카락이다. 구불구불한 모양을 가만 집중해서 보면 항상 다른 형상이 나타난다. 어둠의 소멸에 따라 달라진다. 그래서 천천히 신중하게 공을 들여서 보아야 한다.

그러면 어느 순간 찌는 듯한 더위의 공기는 느껴지지 않는다. 멈춰 있던 공기가 한순간, 날아가 버린다. 조금 가벼워진 방 안의 무게를 느끼며 확인해 보려는 시늉을 해본다. 숨을 크게 들이마시고 무색의 향기를 느껴본다. 안심하고, 나는, 다시 눈을 감고 잠에 빠진다.

이제는 제법 날씨가 쌀쌀해서 다들 따뜻한 옷을 입었지만 아직 너는, 반소매를 입고 있었어. 민무늬에 잘 다려진 것 같은 좋은 재질의 흰색 티셔츠였어.

빛을 받으면 갈색으로 보이는 단정한 머리에 홑꺼풀, 그리고 조금은 처진 눈매가 너를 특별하게 보이도록 만들었어. 너의 표정은 가볍지 않았고 너무 오랜만에 섬세함을 느꼈거든. 그래서 계속 눈길이 갔던 거야.

너는, 시끄러운 주위에는 무심하고 검은색 줄이 달린 이어폰을 끼고 있었고 어떤 노래를 듣는지 궁금했고 아주 두꺼운 책을 조용히 읽고 있었어. 글자가 작고 빽빽한 전공 서적 같아 보였어. 이제 막 시작한 듯 아직 읽지 않은 부분이 더 두꺼웠어.

여기는 점점 추워지고 나는 긴 스웨터를 입었지만 도저히 참을 수 없을 지경이고 너는 언제 일어날지 궁금해. 내 옆자리에선 영어로 된 글을 읽고 있고 오래도록 켜놓은 내 노트북 열기가 따뜻하게 느껴지고 커피의 얼음은 이미 녹아서 병 주위에 물방울이 맺혔어.

    너는, 여전히 고개를 숙인 채 너만의 분위기를 만들고 있고 나는, 다시 만날 수 있기를 바라며 조금은 아쉬운 마음으로 자리에서 일어나.

Moonlight Chemistry

 오늘처럼 하늘에 구름으로 가득 찬 새벽이면, 나는 너를 생각한다.
 습기를 머금어 코끝에 시린 물기가 머무르는 새벽이면, 나는 너를 생각한다.

 새벽의 냄새는 이제 계절이 바뀌었다는 것을 알려준다. 이렇게 차가움이 양 볼을 따끔하게 스치는 계절이 오기 전에 너를 만났다. 너는 가끔, 기분이 울적해지는 날, 나를 찾아온다. 예고 없이 갑자기. 나는 미련해서 아직도 너에 대한 기억을 가지고 살고 있다. 그래도 다행인 것은, 이제 기억들은 그다지 큰 힘을 가지고 있지 않아서 적당한 온도로, 알맞은 감상에 빠질 수 있게 되었다. 그래도 너를 떠올리게 만드는 잊을 수 없는 모습들이 그립다. 그것은 깊이 박혀서 떠올릴 때마다 마음이 아려온다.

너에게 느꼈던 그런 설렘과 가슴 간질이는 감정은 오래전의 얘기가 되어 버렸다. 너는 정말 오랜만에 누군가를 순수하게 좋아한다는 마음을 느끼게 해 주었다.

너의 생각으로 밤에 잠 못 이루고 하루 종일 너만 생각하며 가슴 떨려 했다. 이제는 그런 마음으로 누군가를 대할 용기가 나지 않는다. 온 마음을 다할 용기가 나지 않는다.

너는 유일한 사람이었다. 이런 새벽이면, 나는 너를 생각한다. 여전히, 지금도.

너는 모르겠지.

아마도 우리가 다시 만나는 인연이 되기 전까지,

절대로, 알 수 없을 거야.

내가 그 길고도 짧은 순간 마음속으로 얼마나 되뇌었는지 말이야. 나는 노래의 가사를 빌어서 억지로 용기를 내려고 했고 너에게 내 마음을 말하려 했고 계속 가사를 생각했고,

결국, 아무 말도 하지 못했어. 머리에서 가사는 계속, 어떤 말은 해야 한다고, 늦기 전에 말해 줘야 한다고, 저녁노을이 대신 말해주지 않는다고 했어.

어떤 말은 해야 한다고, 안 그러면 정말 후회한다고, 솔직할 수 있는 시간이 얼마 남지 않았다고 했어.

나는, 용기가 없어서 그저 바라만 보았어. 너는, 내게 할 말이 아주 많다고 했지만 아무 말도 해 주지 않을 거라고 했어.

그 말이 무엇이었을까.

왜 나에게 알려주지 않았을까.

그 노래는 네가 나에게 알려준 곡이었는데 말이야.

다시, 볼 끝에 계절

그 시절의 계절은 늘,

모든 것을 비우고 투명하게, 무심하게 돌아온다. 창밖으로 보이는 풍경이 조금씩 달라지고 있다. 바람의 온도에 맞춰 색을 잃어가고 있다. 이제 바람은, 서늘하고 건조한 냄새를 풍긴다. 차갑다. 마음에 생채기가 쉽게 생길 것 같다. 이 계절에 입은 마음의 상처는 아무는 데 시간이 걸린다.

여자는, 사랑이라는 것, 인연이라는 것, 진심이라는 것에 무덤덤해진다고 생각했다. 한때 사랑에 집착하고 인연을 믿고 진심은 통한다고 생각했던 적이 있었다.

　인연이 되고 싶었고 인연이라고 믿었고 그래서 진심을 다했지만, 역시나 스쳐 가는 사람 중의 한 명이었다. 반복되는 헤어짐과 마음의 낭비는 여자를 지치게 했다.

　여자는, 얼마 전 한참 동안 비어있던 남자의 SNS 프로필 사진이 업데이트가 된 것을 발견했다. 요즘 '진심'이라는 음악을 듣고 있는 것인지 아니면 잘 보이고 싶은 누군가에게 말 대신 전하는 것인지 알 수 없었지만 남자는 '진심'을 함께 업데이트시켰다. 그는 마음의 변화가 생길 때마다 감정에 호소하는 음악을 열심히 듣고는 했는데, 그 마음의 변화가 잦았고 주기가 짧았다.

　…진심이라는 것이, 이렇게도 얄팍한 감정이었나. 지금의 진심이 과거의 누군가에게 했던 진심의 재활용인가. 그것은 사람을 바꾸어 여기저기 옮겨 다니는 가벼운 것이었나. 진심은 언제나 반복되는데, 그 마음은 진정성이 있는 것인가.

나는 마음이 얼어버림과 동시에 누군가의 말을 믿기가 어렵다. 너는 진심이라고 말을 하지만 표정과 눈빛은 너무나도 차갑고 아무런 감정이 느껴지지 않았거든. 나의 마음에 와닿지 않았다. 너에게 감정 소모를 너무 많이 했던 까닭인지, 나는 모든 것에 회의적으로 되어버렸다. 더는 누군가를 좋아하는 것도, 거기에 휘둘리는 내 마음도, 모든 것이 버겁게 느껴진다.

그녀

그녀는 항상 사람들은 참 이상하다, 고 생각했다. 왜, 눈에 보이는 대로만 생각하는 것인지, 판단하는 것인지 말이야. 아무튼, 그녀는 순수하고 착하고 여린 사람이었다.

…그것은 사람들이 마음대로 지어낸 그녀의 이미지였어. 실제로 그녀는 순수하기도 했지만, 그것은 위험에 더 끌리는 호기심으로 가득한 순수함이었다. 그녀가 유혹과 금기시되는 것들을 경험할수록, 오히려 순수함이 더 눈에 띄는 기이한 현상이었다.

사람들은, 숨겨진 그녀의 욕망과 정반대의 이미지로 생각하고 있었는데, 그녀는 그것이 계속 반복되는 것을 경험하면서 그 사실을 즐기기 시작했다.

모든 것은 밤이었다.

그녀의 환상이 채워지는 순간, 그녀의 이미지를 깨부수는 즐거운 순간. 그 효과는 상상 이상으로 큰 영향을 주었다. 그녀의 이중적인 모습은 또 다른 쾌감이 되었고 자극이 되었고 상대가 그녀에게 정신없이 빠져들게 만들었다.
누구도 상상 못 한, 그런 모습.
그녀는 굉장히 영리했다. 그리고, 마음에 들지 않으면 언제든지 순진한 표정을 지어 보일 수 있었다.

어쩐지, 나를 멋대로 하는 그 순간, 그의 리드에 이끌리는 그 순간이 너무 짜릿하고 야릇해. 모든 행동을 예상하지 못하고 있다는 듯한 표정과 동작을 흘리면서 그의 뜻대로 이리저리 뒤엉키는 거지. 그 반응을 살피는 것이 너무 즐거워. 하지만 그것은 어디까지나 무엇인가가 이루어지기 전까지야. 내 허리에, 몸에 감탄하고 집착하는 그의 집요함에 기분이 좋아, 조금 더 나를 포장하고 해방시켜.

더, 더, 더, 그의 환상을 자극하려고 해.

그는, 그녀의 착하게 생긴 모습과 의식하지 않고 행동에 묻어 나오는, 은근하게 남아있는 소녀 같은 모습에 끌렸다. 창피한 것 같기도 하고 수줍어하는 것 같기도 한 표정에 조심스러워했고 그러면서도 우위에 있으려고 순간순간 그의 마음대로 하는 것도 잊지 않았다.

착하다고 생각했던 처음의 이미지와 다른 모습에 놀라면서도 쉽지 않음에 마음을 빼앗겼다.

그녀는, 즐거웠고 즐기고 있었고 보이는 이미지에 숨겨져 있던 본능을 아주 영리하게, 조급해지도록 흘렸다. 하지만 막상, 맨살이 닿으면 느껴지는 허무함.

시시해지는 짜릿함과 김이 빠지는 뜨거움. 그 이후는 모든 것이 비슷하고 똑같았다.

그녀는 미세하고 디테일한 것들을 좋아했다. 가령, 웃는 것처럼 혹은 우는 것처럼 보이기도 하는 미소. 어이없는 말을 들었을 때 일부러 짓는 쓴웃음 같기도 하고, 활짝 웃는 것도 아닌 그런 애매한 표정. 그것이 고통을 참는 것처럼 느껴져 관능적이고 야릇하게 다가오는 그런 미소 같은 것들 말이다. 그리고, 한없이 따뜻하고 다정한 낮의 눈빛과 다른, 오로지 밤에만 볼 수 있는 날 선 눈빛 같은 것들을 좋아했다. 어둠과 욕망이 담긴 것이었다. 귓가에 울리는 날숨과 함께 낮게 터져 나오는 외마디의 감탄사, 고개를 숙이고, 그녀를 한참이나 내려다보는 그런 것들. 함께 흘러내리는 머리카락.

완벽하게 모든 것을 맞춰준 사람은 없어, 그녀는 그것이 조금 아쉽기도 해.

그녀는 그에게서 좋았던 단 하나를 떠올렸다. 단단하고 여자를 너무나 쉽게 품에 안을 수 있는 딱 맞는 체구가 그리워졌다. 틈을 이용해 허리를 감는 그 두꺼운 팔이, 넓은 등과 어깨가, 위에서 내리누르는 은근한 무게가 갑자기 그녀를 뒤흔들었다.

신환상 4

노란빛이 섞인 따뜻한 회색의 블루, 이른 새벽이다. 좀 더 깊은 새벽이 되어야 차가움을 간직한 블루의 시간이 된다. 나는, 푸름의 기운이 더 강한 그 시간을 기다린다. 내가 온전히 잠에 빠질 수 있는 시간이다. 감고 있는 눈앞에 펼쳐진 끝없는 심연이 깊어지고 덧입혀진다. 생각이 점점 옅어지고 손의 감각이 사라지고 어디에도 존재하지 않는 무중력 상태를 느끼게 된다.

억지로 눈을 감고 잠을 부른다. 희뿌옇게 생긴, 정확하지 않은 형체가 나를 가만히 보는 것을 느낀다. 자세히 보면 사람이 웅크린 모습처럼 보이는데, 다양한 명도의 밝고 어두움이 여러 겹으로 이루어진 것처럼 보인다. 나는 그것에 온 신경을 쏟는다. 아주 미세하고 섬세하게 정신을 집중해야 비로소 나에게 찾아오는 잠을 쫓아버릴 수 있다. 그러면 기다렸다는 듯 생각들이 넘쳐흐르듯이 밀려오고 나는 거기에 또다시 잠기고 너무 깊어서 헤엄쳐 나오기가 버겁고 온몸과 마음이 젖어서 한기를 느낀다.

내 방안은 자괴감 덩어리다. 이 크지도 너무 작지도 않은 사각형의 공간은 나의 자괴감과 고민과 무기력으로 이루어져 있다. 나의 소심한 마음과 예민한 성격이 더 날카롭고 미세하고 예리하게 변한다.

소심한 마음은 항상 놀랄 준비를 하고 있어, 작은 소리에도 향기에도 놀라고 집착하고 신경 쓰고는 해. 밤이 되면 유독 예민해지는 모든 감각은, 외부의 자극에 다치고 뒤틀리고 나를 몸서리치게 만들지. 숨을 깊게 들이마실 수도 없어,

마음이 강한 끈에 묶여 중심에서 벗어날 수 없게 꽉, 조여져 있거든. 허용된 작은 범위를 넘어서면 어김없이 압박하는 두꺼운 밧줄 혹은 쇠사슬.

또다시 간헐적으로 들려오는 외부의 작은 소리, 나를 겨냥하는 의도적인 소리처럼 들린다. 소리가 들릴 때마다 심장은 두근거리고 긴장에 딱딱하게 굳어가고 움츠러든다. 내일도, 모레도 나를 괴롭히지 않을까 걱정한다. 소리가 들리지 않을 때도 안심할 수 없어. 결국은 나를 찾아낼 그것을 내 모든 세포가 느끼고 있다.

나를 소심하게 만들어 버리는 모든 것들.

나는, 차가운 블루의 시간을 기다리고, 어떨 때는 그 시간조차 빨리 지나가기를 바라고 차라리 잠들지 않는 시간이기를 바라고 영원히 조용하고 편안한 시간을 꿈꾼다. 어떤 것도 나를 괴롭히지 못하는 그런 시간을 꿈꾼다.

이치를 깨달으면 마음이 편하지 못하다.

사람의 마음을 파고들려고 하면 아프다.

나이를 먹을수록 인생의 깊이를 아는 것이 아니라 인생의 고통을 알게 된다. 고통 때문에 깊이를 알게 되는 거야. 모든 것이 가진 의미를 알게 되고 그것은 그들의 고통이고 각자의 인생이 그렇게 흐른다는 사실이 너무 와닿아, 인생은 결코 아름답거나 완벽하지 않다.

어제 그렸던 그림이 마음에 들지 않아, 자만심과 보여 주려고 뽐내는 기교뿐이었거든. 허영심으로 가득 차 있었어. 그림의 내용과 분위기와 깊이가 보이지 않아, 나는 스스로 부끄러움을 느꼈어.

기분이 말이야, 순간적으로 바닥으로 곤두박질칠 때가 있잖아. 소용돌이에 빠져서 절대 살아 나올 수 없는 것처럼 그냥, 밑바닥으로만 내려가는 거야. 글도 잘 써지지 않고 그림도 그려지지 않을 때. 아무리 해봐도 잘되지 않고 나는 아무것도 못 하는 사람이 되어버리는 거야. 어쩌면 원래 그런 것인지도 모르지. 그럴 때면 나는 어떻게 해야 하는 걸까.

제발,

나를 좀 봐주세요.

제발,

나를 좀 알아주세요.

이렇게, 아무나 붙잡고 소리치고 싶어져. 누군가가 나를 구원해 주기를 바라고 또 바라지. 하지만, 절망적이게도, 아무도 없어. 아무것도 하지 못하는 것도 여전히 마찬가지야.

샹들리에 타는 여자

　연락이 오지 않는 오전의 애매한 시간, 갑자기 핸드폰이 울렸다. 메시지를 보낸 사람을 확인한 여자의 얼굴에 미소가 번졌다. 예상했던 상황을 맞이했을 때의 여유로운 미소였다. 메시지는 H에게서 온 것이었다. 어젯밤, 여자는 H와 그의 친구와 술을 마셨다. 친구가 자리를 비운 사이, H는 여자에게 질문을 해댔다. 마치, 돌려서 말하면 여자가 눈치채지 못할 것이라는 생각을 하는 것 같았다.

　여자는 H가 자신에게 이성적으로 관심이 있다는 것을 단번에 눈치챘다.

　메시지를 받은 여자는 모르는 척, 답을 보냈

다. 그러면서도 한편으로는 걱정이 들었다. H가 여자보다 8살이나 연하라는 사실은 받아들이기 어려웠다. 그리고, 그가 여자의 취향이 아니라는 것도 그에게 적극적이지 않게 되는 이유였다.

"어떤 음악을 좋아하세요?" 의도에 충실한 진부한 질문이었다. 의무적인 대답을 하고 다시 만날 약속을 잡는 것으로 끝이 났다.

여자는 지금이 몇 시인지 확인했다. 아직 30분 정도가 남았다. J가 곧 올 것이다. 그와 함께 일한 지 이제 한 달이 되어가고 있었다. J는 여자가 일하는 카페에 자주 왔던 손님이었다. 첫인상이 무척이나 건조해서 안면을 익혔을 때에도 쉽게 말을 걸지 못했다. 아주 가끔, 무난한 날씨 얘기로 대화를 몇 마디 이어갈 때 그의 얼굴이 붉어지는 것을 보았다. 그러면 여자도 함께 얼굴이 붉어지고는 했다.

그의 수줍음, 멋쩍은 표정을 생각했다. 서로에게 익숙해지고 있는 지금은 볼 수 없는 표정이었다. 그리고 얼마 전, 함께 커피를 마실 때 여자를 놀라게 했던 그의 눈빛을 떠올렸다. 그의 마음을 담은 눈빛은 반짝였고 반달처럼 휘어져 있었고 사랑이 담겨 있었고, 누가 보더라도 그것은 사랑이 담긴 눈빛이었다. 평소 J는 둘 사이에 선을 긋는 말을 하고는 했는데 의도를 알 수 없었던 여자는 헷갈리는 마음을 한참이나 들여다보고는 했다. 최근에 J는 여자친구와 헤어졌는데 조금의 여지도 없이 끝이 났다는 얘기에 여자는 다행이라는 생각이 드는 자신에게 깜짝 놀랐다.

S가 운영하는 카페는 여자의 집에서 5분 정도 떨어진 위치에 있었다. 그는 친절이 몸에 밴 적당한 서글서글함을 가지고 있었고, 날이 맑은 오전 어느 날 불쑥, 여자를 찾아오고는 했다. 처음에는 지인과 함께, 그러다가 혼자, 생각나서 그냥 왔다는 말을 하면서. 그러면 그다음에는 여자가 S를 만나러 가는 것이었다.

그는 여자가 바쁠 때 일을 도와주기도 했다.

여자가 고마움의 표시로 저녁이나 점심을 사겠다고 하면 그는 한사코 거절했다. 여자는 헷갈렸다. 묘하게 선을 긋는 그를 보며 신경을 써도 되는 사람인지 아닌지, 그가 나가는 모습을 가만히 지켜보았다. 한 번은 돌아가는 S가 밖에서 여자를 흘긋 쳐다보는 시선을 느꼈는데 그 시선이 너무나 강렬하고 또 여자에게 고정되어 있어서 괜히 긴장되기도 했다.

함께 있는 시간에는 그 사람에게만 집중할 수 있었는데 세 명 중에서 여자의 마음이 가장 끌리는 것은 J였다.

"제가 가봤던 바(Bar)가 근처에 있는데." H와 저녁을 먹은 후였다. 두 번째 만남이었다. 각종 게임을 할 수 있는 곳이라고 했다. 여자가 예상했던 그대로였다. 모든 것이, 남자의 의도가, 그가 게임을 알려 준다는 이유로 슬쩍 여자의 팔을 손목을 허리를 잡는 행동들이 모두 다.

여자보다 한참 어린 그의 행동을 읽는 것은 너무나도 쉬운 일이었다. H는 여자의 몸에 손을 댈 때마다 쑥스러운 소리가 섞인 웃음을 터트렸는데 그것이 여자의 신경을 거슬리게 했다. 그가 내는 소리에 주위 사람들이 모두 쳐다볼 것만 같았다. 그가 허리를 잡을 때에도 좋지도 싫지도 않은 밋밋한 느낌이었다. 여자의 집에 다다르자 H는 헤어지기 아쉽다고 얘기했다. 시간이 너무 빨리 간다고 또 만나고 싶다고. 여자는 적당한 웃음을 보였다.

"그러게."

H와 여자는 말이 없었다. 여자의 집이 있는 6층 복도에도 아무 소리 들리지 않았다. 조용했다. H가 용기 내어 한 발짝, 여자에게 다가섰다.

다음 날은 J가 쉬는 날이었다. 그를 하루 동안 보지 못한다는 생각은 여자를 우울하게 했다. 그와 시답잖은 농담을 하고 아주 사적인 이야기를 하고 그 어디쯤 농담 섞인 진심을 물어보고 그러면서 그의 마음을 떠보고 싶었다. J는 4살 어린 연하의 전형적인 모습이었다.

활발하고 재미있고 그러면서도 너무 동생처럼 느껴지지 않게 설레는 모습을 보이기도 했다. 너무 사적인 이야기를 나눌 때에는 그와 깊은 관계가 된 것 같은 느낌이 들었다. 그것은 너무나 빠르고 자주 찾아오기 시작했다.

"헤어진 여자친구에게 연락해 볼 생각이에요. 한 달 뒤에." 갑작스러운 J의 말에 여자는 당황했다. 그는 떠나보낼 생각이 전혀 없어 보였다.

아쉬운 마음과 서운한 감정에 표정이 굳는 것을 느꼈다. 그에게 이런 감정을 가지는 스스로에게도 실망스러움이 컸다. J가 지키고 있는 둘 사이의 선을 넘는 순간 모든 것을 잃고 지게 될 것 같았다.

선은 견고했다. 지워야 했다. 여자는 아무렇지 않은 척 자꾸만 비집고 들어오려는 그 마음을 밀어냈다. 다른 무엇을 그곳에 채워 넣어야 했다. H와 있었던 저녁이 떠오르고 H의 얼굴이 생각났다가 S의 얼굴로 바뀌기도 했다.

H... 그는 여자의 집 앞에서 여러 가지 자잘한 스킨십을 시도했지만, 여자의 마음은 간지럽거나 다른 어떤 기분도 들지 않았다. 딱히 싫지는 않았지만 좋다는 생각 역시 들지 않았다. 여자는 자신이 이렇게나 무감각할 수 있다는 것에 놀랐다. H에 대한 예의를 갖추어 싫다는 내색은 하지 않았다. 적당히, 적절한 순간에 적절한 반응만 해주면 되었다.

주변은 이미 취한 사람들의 소리로 시끄러웠다. 서둘러 그곳을 벗어났다. S와 언젠가는 술을 마시게 될 거라고 생각했지만 그 이후의 상황까지 맞닥뜨리게 된 지금, 여자는 묘한 기분이 들었다.

조금은 바라고 있었고 혼자 상상하기도 했던 것이었다. S의 마음이 어떤 것이든 J에 대한 마음을 비우고 싶었고 S 역시 호감 어린 사람이라는 사실이 여자의 마음을 헤프게 만들었다.

"두 분 잘 어울리시는 것 같아요. 잘 되었으면 좋겠어요." 언젠가 J가 했던 말이 떠올랐다. 아무렇지 않게 말하는 그를 보며 정말 자기에게 관심이 없어 보이는 그 모습에 여자는 애써 담담하게 받아들이려 하면서도 저 말이 진심인지 아닌지, 혹시 J 역시 자신의 마음을 숨기려고 반대의 행동을 하는 것은 아닌지 파악하려고 노력했다. S와 깊은 관계가 된다면 그것을 J가 알게 된다면 그가 어떤 반응을 보일지, 실망하는 표정을 볼 수 있지는 않을지 기대하고 상상했다.

S는 술을 마셔도 평소의 모습과 크게 다르지 않았다.

얼굴이 살짝 붉어지고 말투에 애교 섞인 어눌함이 묻어났지만 행동은 그대로였다. 정말 좋은 사람 같다, 는 J의 말이 생각났다. S는 확실히 예의 바르고 좋은 사람이라는 생각이 들었지만, 여자는 그가 잠깐씩 보였던 표정과 분위기에서 알 수 없는 경계를 느꼈다. 하지만 오늘을 계기로 그와 자신의 사이가 달라질 것이라는 기분이 들었다. 그것은 확신이 들 정도로 강렬했다.

거리에는 사람들의 모습이 보이지 않았다. 이미 새벽의 시간이었고 불이 켜진 곳은 많지 않았다.

S는 걷는 것이 힘들어 보였다. 걷다 멈추기를 반복하며 그럴 때마다 여자에게 미안해했다.

"너무 착해." 그는 착하다는 말을 반복하며 여자의 얼굴을 잠깐 보더니 어쩔 줄 모르겠다는 듯이, 너무 사랑스럽다는 듯이 웃더니 여자를 끌어안았다. 여자의 양 볼을 감싸며 행복한 표정을 짓고 다시 여자를 품에 꽉 안고 한참을 그렇게 가만히 있었다. 아무 말 없이.

S의 품은 넓고 따뜻했다. 생각보다 너무 따뜻해서, 누군가 그렇게 안아 주는 것이 오랜만이라서 여자는 안락함을 느꼈다. 포근했다. 그는 조금 더 적극적으로 몸을 기대오기 시작했고 여자의 반응을 조심스레 살피는 것 같았고 다음 단계로

가기 위해 준비하려는 것 같았다. 여자는 이 사람과 지금, 이다음에 대해 생각했다. 잘 그려지지 않았다. 그가 자신에게 마음이 있다는 아무런 행동도 느끼지 못했는데, 눈치챌 만한 조금의 여지도 없었는데, 진심이 섞인 행동인지 의심스러웠다. J의 얼굴이 떠올랐다.

S가 좋은 사람이라고 했던 말이 떠오르고 S의 손이 오른쪽 허리를 감싸는 것이 느껴졌고 여전히 의심이 들었고 그의 손에 힘이 들어갔고 그의 얼굴이 여자의 얼굴 가까이 오는 것을 깨달은 순간, 고개를 저도 모르게 돌려 버렸다.
"...."
S는 한 번 더 여자에게 키스하려고 시도했다.
이번엔 조급함이 느껴졌다. 거절당했다는 사실에 자존심이 상한 듯 보였다. 그는 여자와 헤어지기 전까지 여러 번 다양한 방법으로 무너진 자존심을 회복하려고 애를 썼다.

그가 술을 마시지 않은 상태였다면, 그가 시도하려는 모든 것들이 술의 힘을 빌리지 않은 것이었다면, 여자가 그의 키스를 받아주었다면 어떻게 되었을까.

여자는 S가 메시지를 읽었는지 아닌지 확인하면서 그의 연락을 몇 시간 동안 기다렸다. 하루가 지났다. S는 대답이 없었다. 미안하다 실수였다, 뭐 그런 흔한 변명도 없었다. 그는 잠적했다. 그는 무책임했고 회피했고 여자에 대한 마음은 딱 그 정도였고 여자에게 최소한의 예의도 지키지 않았다. 여자는 허탈했고 마음에 상처를 입었고 S의 처신에 분노했고 좋은 사람이 아니었음에 실망하면서 자신의 판단에도 의심을 가졌다.

며칠이 지났다. S와 허무하게 끝이 났고 H에게서는 연락이 계속 왔고 여자는 마음의 갈피를 잡지 못했고 J는, 그는. 여전히 여자에게 선을 그으면서 또 행동에는 여지를 주는 것을 반복했다.

여자의 마음은 점점 지쳐갔다. 저녁에 H가 여자에게 고백한다면 그대로 받아 주겠다고 생각했다. 그는 여자의 마음을 가지고 장난하지는 않을 것이다.

"좋아." 여자의 말에 H는 정말로 기뻐했다. 거절할 것이라 생각했다고 했다. "그래?" 여자는 공허했다. 그냥 미소 지었다. S가 떠오르고 J가 생각났다. H의 얼굴은 S가 되었다가 J가 되기도 했다. H는 여자가 좋아할 어떤 매력도 가지고 있지 않았다. 그와 만나는 횟수가 늘어나고 그가 여자의 집 복도를 넘어 방 안에 들어오는 날이 많아질수록 다른 얼굴이 떠올랐다. S와 키스를 하는 것을 상상하고 결국 지금 침대 위에 있는 것은 S가 되었고 잠깐 느꼈던 그 따뜻한 품을 기억해 냈다. 그의 웃는 얼굴이, 웃을 때 선해 보이는 눈매가 생생하게 떠올랐다.

J는, H와의 관계를 알고 무덤덤하게 축하를 했다. 잘되었네요, 라는 말은 여자의 마음에 쉽게

사그라지지 않을 상처를 냈다. J는 그 후로 말없이 있는 시간이 늘었고 혼자 무엇인가를 생각하는 것 같았고 한 달 후에 연락하겠다던 전 여자친구에 대한 말도 하지 않았다. 여자는 궁금했고 여전히 J에 대한 마음을 접을 수 없었다. H에 대한 마음도 처음 그대로였고 대신 그와 밤을 함께 보내는 시간이 더 늘어났고 그것은 주로 여자의 집에서였다. 그의 손길에 익숙해졌고 그것은 크게 나쁘지 않았다. 어떤 날은 J의 모습으로 바뀌었다. 마음속으로는 문을 열면 밖에 서 있는 사람이 J였으면 좋겠다는 생각을 계속했고 J의 머리카락과 도톰한 입술과 그가 즐겨 입는 청바지를 입은 모습을 상상했다. 여자는 죄책감이 들었고 가끔은 제정신이 아닌 것 같았다. J를 항상 몰래 떠올렸고 멈출 수 없었고 H와는 정해진 시간에 정해진 패턴대로 밤을 나누는 사이에 불과했다.

H와 만날 약속을 취소하고 혼자 집에서 쉬고 있던 밤,

초인종이 울렸다. 여자는 쉬고 싶었다. 제발 H가 아니길 바라면서 인터폰을 들었는데 화면에 보인 사람은 J였다. 놀라고 설레고 동시에 불안해졌다. 그가 찾아올 이유가 전혀 없었다.

"나예요." J의 목소리는 꿈이 아니라는 것을 알려주었다. 심호흡을 하고 문을 열자 그는 긴장한 표정으로 뜸을 들이며 조심스럽게 물었다.

"들어가도 돼요?" 여자는 오늘 어떤 일이라도 일어나길 바라면서 웃으며 대답했다.

"어서 와." J는 여자의 집으로 들어갔고 동시에 문이 빠르게 닫혔고 6층 복도에는 닫힌 문소리가 계속 메아리치며 울렸고 곧 아무도 없이 휑한 고요함만 흘렀다.

너에게

너는 항상 버릇처럼 혹은 바람처럼 말하고는 했다. 시간이 지나서 서로의 안부를 알지 못하는 어느 날, 네가 말하는 그 장소에서 마주치게 될 것이라고 말이야.

그럼 나는 그럴 일은 없다고 했었다. 왜냐하면, 우리가 마주쳤을 때 서로의 옆자리에 이미 다른 누군가가 함께 있을 거라는 말이 마음에 들지 않았거든. 나는, 알 수 없는 그 어느 날에도 너의 마음을 혹시나, 하고 바라고 있었나 보다. 정말로 우리가 마주치는, 그런 기대를 하면서 말이야.

그러면 장난으로 살짝, 스치는 것에 지나지 않는 터치조차 허락하지 않는 내 모습에 서운한 마음이 드는 것은 너일 테고, 나이 차이를 신경 쓰지 않는 사람도 너일 것이다. 가까워지려고 애쓰는 것도 괜한 배려와 잔정을 주는 것 역시, 너일 것이다. 나는 지금의 너처럼 달아나려고 할 것이고 일말의 틈도 주지 않을 거야.

그건 그동안 너에게 서운했던 나의 작은 심술일 테지만 어쩌면 우리의 어긋난 타이밍인 까닭이다.

이 모든 것은, 우리가 다시 우연히 만나게 되는 날.

완전한 블루, 거의 푸른

달. 몽상

새벽.

모두가 잠드는 시간이 되면 마음이 흔들린다. 조용한 침묵 속에서 나에 대해서, 나의 오늘에 대해서 돌아본다. 마음이 잔잔해지고 기분이 가라앉는다. 나를 내려다보는 메마른 달빛이 유난히 서늘하다.

나는 때때로 가만히 달을 바라본다. 보름달이 뜬 밤이라든지, 특별한 날이 아니라도 달을 올려다본다. 늦은 밤에, 조용한 새벽에, 습관적으로 달을 생각한다. 서늘하도록 차갑게 보이는 회백색의 무늬에 마음을 빼앗기고 시퍼런 은백색의 달빛에 나를 고백한다.

새벽, 조용히 달빛만이 밖을 비추는 새벽의 시간이 좋다. 나를 온전히 드러내 보일 수 있는 시간이다. 나는 감추고 있던 나의 마음과 불안한 감정을 쏟아내고 달은 그저 나를 지켜보기만 할 뿐이다.

단 한 번도 내 바람대로 흘러가지 않는 인생을 통해 나는 많은 것들을 고민하고 생각했다. 끊임없이 반복되는 좌절과 절망, 기대와 실망에 상처받고 요령을 터득하고 적당히, 라는 것을 받아들였다. 그러면서도 시간이 지나면, 꿈이라는 것을 포기하지 못하는 나의 마음 때문에 다시 좌절하고 다치고 슬픔을 겪는다. 꿈을 다시 다짐하고 달에게 위로받고 스스로 마음을 잡는다.

달.
너는 모든 것을 보고 있구나.
나라는 한 인간이 얼마나 상처 입고 무너지고 고통받는지를. 멍들고 보잘것없는 마음이 누구에게도 구원받지 못하는 것을.

너의 곧은 얼굴을 보며 나의 마음은 붉게 피멍 든다.

너의 말간 몸뚱이에 물들어 가는 푸른빛은 사라지는 나의 희망이다.

제발, 나의 소원을 한 번만 들어 주었으면.

매일을 반복이다. 다시 새벽이고, 주위는 고요하고 달빛은 여전히 차갑고 시리다. 시커먼 달을 바라보고 속으로 말을 걸고, 그것은 나의 답답한 마음이다. 바람이 섞인 푸념이다. 나에 대한 고백이다.

나의 하루, 타인의 삶

쉬는 날, 혹은 반복되는 퇴사를 하고 느지막이 일어나 집 앞 카페에서 사람들을 관찰하는 날. 시간의 제약이 없고 온전히 내 뜻대로 하루를, 혹은 그 이상을 쓸 수 있는 시간. 노트북을 가지고 음악 사이트에 접속하고 카페에 있는 다른 사람들처럼 할 일이 많은 것처럼 보이려고 한다. 이어폰을 귀에 꽂고 내 취향의 음악을 검색하고 그중에서도 특히 마음에 드는 음악을 반복 재생한다. 그날의 기분에 맞는 음악을 고르는 것은 꽤 섬세하고 까다로운 작업이다. 요즘은, 새로운 음악에도 관심이 없고 내 마음에 쏙 드는 음악을 찾기 힘들다.

마음이, 조금 지쳐있는 까닭이다.

지금 나와 같은 시간을 공유하고 있는 카페 안 사람들이 궁금하다. 그들은 어떤 일을 하는지, 다들 사는 것이 행복한지, 원하는 대로 살고 있는지, 인생이 풍요롭고 걱정이 없는지.

나도, 그들이 보기엔 원하는 삶을 살고 있는 것처럼 보이겠지.

노트북의 모니터를 보다가 다시 고개를 들어 창밖을 바라본다. 이미 늦은 오후를 향하는 시간이라 눈을 쨍하게 만드는 밝은 햇빛에 놀라는 일은 없다. 생각에 잠긴다. 나는 유독 생각이 많고 걱정이 많고 미래에 벌어질 일을 자주 상상한다. 현실과 다른 상상을 잡기에는 너무 멀어서, 힘을 내었다가 쉽게 좌절한다. 무엇이 문제인지 어떻게 해야 조금이라도 내 뜻대로 흘러갈 수 있는지 답이 없어, 고민한다.

내 우울함은 이루지 못하고 있는 꿈, 현실에서 비롯된 것이라,

...나는 고통받는다. 해결되지 않는 영원한 고통이다.

답답한 마음에 커피를 물처럼 들이마신다. 이미 바닥을 보이는 아메리카노를 단숨에 마시고 정리되지 않는 마음을 달랠 길이 없어 애꿎은 음악 목록만 만지작거린다. 사실 요즘, 오롯이 혼자 보내는 시간이 많은데, 많은 사람들과 함께 한 공간에 있다는 것이 어쩐지 생산적인 사람처럼 보이게 만들어 안정이 된다. 나의 하루는 몇 년째 반복이 되고 있다. 그림과 글 작업을 하고, SNS에 게시를 하고 그 반응을 살피고 거기에

따라 기분이 요동친다. 많은 사람들이 내 작업물을 봐주기를 바라고, 누군가가 나를 발견해 주기를 바라고, 어떤 기회를 잡았다는 누군가의 글을 보며 부러워한다.

좌절하고 고민한다. 일주일에 이틀 정도는 시간을 내어 운동을 하는데, 그것은 마음이 망가져 버린 나를 붙잡는 마지막 수단이다. 몸까지 무너져 버리면 내 모습이 정말 보기 싫을 것 같다는 생각에, 다시는 위로 올라가지 못할 것 같다는 생각에 스스로를 잡는 행동이다. 몸부림이다.

마음이 무너지면 외형도 금방 달라진다.

사람들은 계속 오고 가고 옆자리도, 건너편의 자리에도 새로운 사람들이 자리를 잡았다. 사람들이 오갈 때마다 카페의 문 사이로 찬 바람이 들어온다.

이제는 해가 떨어지면 실내도 제법 쌀쌀해진다. 비어 버린 컵에 뜨거운 물을 받을까, 잠시 고민하다가 살을 떨리게 만드는 추위를 견딜 자신이 없어 짐을 정리하고 집으로 돌아갈 준비를 한다.

오롯이, 혼자

마음이 일렁이는 시간. 고요하고 차갑고 은빛으로 둘러싸인 시간. 닿을 곳 없는 마음에 새벽의 조용함이 다가왔다. 가끔 들리는 자동차 소리도, 지나가는 사람들의 소리도 들리지 않는다. 잔잔한 선율에 마음이 고요해진다. 차분하게 나를 마주하는 시간이다.

나는 요즘, 다시 혼자다. 상념과 무료함이 모습을 보이기 시작한다. 지치기 시작한다. 나는 그것을 벗어나려고 하지 않는다. 오히려 나를 깊은 구덩이 속으로 몰아넣는다. 애써 밝은 생각과 희망을 주는 말을 들으려고 하지 않는다. 우울한 기분 속에서 한껏 구르다가 스스로 잦아질 때를 기다린다. 그사이에 깨닫게 되는 것들을 받아들이고 마음 한 켵에 담아둔다.

　나는 감정에 민감하다. 그 예민함에 나 자신도 버거울 때가 많다. 항상 속으로 감정이 한쪽으로 치우치지 않도록 노력한다. 그러면 내 마음속은 항상 복잡하고 불안하고 소용돌이친다. 내 입장에서 내 방식대로 받아들이는 것은 아닌지 한참을 곱씹고 되돌아본다. 이런 행동이 자존감이 낮은 사람들의 특징, 이라는 글을 봤는데 어쩐지 슬퍼졌다. 자존감이 낮다, 라는 말이 나를 사랑하지 못한다는 말처럼 들렸다.

　나는 현재, 도망 상태다. 사람들과의 관계에서 달아났다. 사람들의 이해관계 속에서 나를 포장하는 것에 피로를 느껴 잠시 동안의 휴식을 택했다. 사람들 사이에서 나의 존재에 대해 중심을 잡지 못하는 것이 버거웠다. 중심을 잡지 못하니 자존감이 나락으로 떨어졌다.
　자격지심이 생겨 나를 포장하려고 애썼다.

상대방의 행동에서 무시와 무례를 느꼈다. 날을 세우고 날카로워졌다. 억지로 말을 많이 하고 밝은 척을 했다. 매일 내 생각과의 싸움이었고 지치고 너덜너덜해진 마음으로 돌아가는 모습에, 나의 존재는 사라져 갔다. 나는 매일 무기력해졌고, 꿈이나 목표 따위를 생각할 수 없었다.

내가 아무것도 아닌 느낌. 내가 하는 모든 것들이 의미 없고 보잘것없는 느낌. 나만 큰 의미를 부여하고 아등바등 붙잡고 있다는 느낌. 나를 뭉개고 짓이기는 마음에서 도망쳤다. 그동안 내 정신은 짓눌려 있었다.

숨을 쉬게 해주고 싶었다. 내 존재에 대한 자신감을 회복해야 했다. 그리고, 나를 믿고, 꿈을 위한 작업에 온전히 몰두하고 싶어졌다.

그래서 지금, 나는 또다시 혼자다.
오롯이, 혼자.

Almost Blue

무심하게 타이핑한 칵테일의 종류,

블루와 레드, 단 두 개. 그 외에는 어떠한 설명도 적혀 있지 않다. 공연을 보고 바(Bar)로 내려온 사람들은 그리 많지 않은 테이블에 앉아 주문한 술을 마시고 있다. 그들은 유쾌하고 세련되고 이곳이 익숙한 듯, 자연스럽다.

주위를 둘러본 후, 두 개이 칵테일 중에 이떤 것을 선택할지 신중하게 고민한다. 맛에 대한 간단한 설명을 바텐더에게 듣고, 조금 더 알코올 도수가 높은 '블루'를 선택한다.

턴테이블에서 가끔 판이 돌아가며 생기는 잡음이 들려온다. 공중에 떠다니는 먼지가 그 위에 내려앉았다가 다시 흩날리는 것이 보인다. 블루는, 마티니 잔에 담겨 나왔는데 그 색깔이 너무나 맑고 진한 인디고블루의 색이었다. 마시기 아까운 청량함이었다.

시간이 조금 지나자, 어느새 테이블은 꽉 차

버렸고 오늘 공연했던 밴드가 자리를 잡는 것이 보였다. 나는 무심했고 이런 분위기를 즐기려고 노력했고 일행과 적당한 대화를 이어가고 있었다. 밴드는 주위 사람들을 신경 쓰지 않는 듯, 기타를 꺼내고 드럼 대신 카혼을 준비하고 박자를 맞추기 시작했다. 그 사이를 비집고 들어오는 보컬의 목소리는, 묘하게 상실감을 느끼게 만들었다. 그는 흥얼거렸고 눈을 감고 있었고 음악에 완전히 빠져든 것처럼 보였다. 분위기가 이끄는 대로 연주하고 노래를 불렀다. 가사가 없는 흥얼거림도 무슨 말인지 불분명한 흐느끼는 발성도 모두, 작은 공간을 음울하고 몽롱하게 바꾸어 버렸다.

그들은 즐기고 있었다. 즐거워 보였고, 자유로웠고 그것은 진정한 자유였고, 원하는 대로 인생을 살고 있는 모습이었다. 사람들은 연주에, 목소리에 홀렸다. 함께 흐느끼고 연주를 해보고 몽롱함에 빠져들었다. 본 공연과는 다른, 경계가 없는 분위기에 하나로 녹아들었다. 그들은 행복해 보였다. 느껴졌다.

그 순간, 그들은 나와 분리되어 동떨어진 곳에 존재하는 것 같은 착각, 영화를 보는 것 같은 환상, 마법같이 묘하고 신기한 장면이 펼쳐진 것 같은 느낌이 들었다.

자신의 꿈을 향해 달려가는 멋짐이었고, 열정이었고 부러움이었다. 푸르고 생명 가득한 젊음과 올곧은 단단함이었다.

나는 이 느낌을 영원히 간직해야겠다고 생각했다. 이 사람들처럼 살고 싶다고 생각했다.

서서히 번져가는 청량함, 맑고 진한 인디고의 색, 몽롱한 분위기, 조명에 반사되는 푸른빛, 어두운 바(Bar) 안을 나지막하게 흐느끼던 목소리와 흐르듯이 리듬을 타는 몸짓, 한 손에 든 푸른색 혹은 붉은색 칵테일.

흔들리지 않는 확신, 꿈에 대한 믿음, 그 모든 것들이 남아있다. 알지 못하는 모두가 하나가 되었던 그 순간을 기억한다.

그것은 푸른 밤안개.

희멀건 분위기가 닮았다.

혹은 바다 위에 떠 있는 부유하는 구름.

느리지만 여유롭지 않은 마음을 떠안은 뭉텅이.

아무래도, 푸른 밤안개.

어두운 술집 안의 조명을 무색하게 만들며

마치 고흐의 그림 속 인물처럼 금색으로,

레몬색으로, 가끔은 오렌지색으로 빛나는 연주.

마린 빛의 진한 파란색에 스며드는

오렌지색의 음률,

에메랄드빛의 바다가 자리를 옮겨

내 앞에 펼쳐진다.

그러면 어느새 따라온 푸른 밤안개.

혹은 부유하는 구름.

꿈꾸는 바보들

거울을 본다. 감정은 이미 제정신이 아니다. 흘러내리는 눈물을 화장으로 덮는다. 억지로, 무자비하게. 눈물은 멈추지 않고 억지로 웃어 보이고 다시 화장으로 덮고 다시 무자비하게. 웃는다.

I felt it. I was perfect.

그녀는 정신 분열을 앓고 광기를 보인다. 완벽을 향한 집착이고 표현하고 싶은 내면의 욕망이다. 자신을 희생해서라도 얻고 싶은 열정이고 욕심이다. 그녀가 완벽한 흑조의 연기를 선보이고 스스로 완벽하다고 표현했을 때, 온몸에 소름이 돋았다. 하지만 심장은 반대로 주체할 수 없이 뜨거워졌다. 나의 모든 것을 던져 내면을 표현하고 싶은 열망, 그것을 동경해 왔다. 넘치는 환희, 성취감을 거머쥐고 싶었다. 그 모든 감정에 빠져들고 싶었다.

적당한 때가 되면 누구나 그렇듯이 결혼을 하고, 결혼한 사람들의 당연한 의무 같은 아이를 낳아 기르는 것들. 나는 그런 것보단 나 자신의 꿈을 이루고 스스로 만들어 가는 나의 인생을 살고 싶었다. 자아를 이루는 것, 그것이 중요했다. 훗날 나의 모습을 자주 상상했고, 하고 싶은 것들이 많았고, 그래서 저 멀리 있는 꿈과 이상을 좇고는 했다. 나의 취향과 성향과 감성을 찾아갔고 그럴수록 내면에는 나를 표현하고 싶다는 욕구가 커져갔다. 열정이 커져갔다. 이루는 과정이 힘들더라도 좋아하는 것을 꿈으로 삼고 싶었다. 그것이, 내가 주체가 된 나의 인생을 사는 것이라 생각했다.

사람들의 시선을 상관하지 않고, 내면의 온갖 감정들을 꺼내서 표출하고 싶다. 나를 멋대로 하고 싶다.

내가 가진 직업과 나의 꿈이 같은 일이기를,

생계를 위해 다른 일을 병행하는 것이 아니라, 온전히 나의 꿈으로 이 사회에 일어날 수 있기를 꿈꿔왔다. 지금도, 그것을 이루기 위해 고군분투 중이다.

꿈을 꾸는 사람들은 현실에 부딪힌다. 타협해야 한다.

그렇지 않으면, 뒤처지고 만다. 꿈은 이루어질 수 없는 것인가, 끊임없이 노력하면 이루어질 것인가.

영화와 다르게 결말을 알 수 없는 외로운 싸움, 아무도 답을 줄 수 없는 막막함.

꿈꾸는 바보들, 무모해 보이는 꿈들, 아프고 무너져 버린 마음. 나는 지금 어디쯤 서 있는가. 나는 언제까지 꿈꾸는 바보여야 하는가.

오늘의 새벽엔 달이 보이지 않는다. 온통 푸르스름한 빛으로 번져가는 지금, 창문을 두드리는 밤이슬의 소리를 가만히 들어본다.

초록의 잎에 부딪히는 이슬의 일정한 리듬, 창문에 서리는 안개 혹은 연기, 희뿌옇게 흐려지는 불빛, 그 모든 것들이 여과 없이 나에게로 들어온다.

그리고, 슈베르트의 세레나데. 리스트의 편곡. 초록의 풀 향기로 가득 차는 싱그러움이다.

오늘의 새벽엔 달 대신 초록을 품은 이슬의 반짝임.

푸른곰팡이

옆집과 이어진 벽면 가장자리에 이상한 것이 생겼다.

가까이에서 보니 까만 점들이 규칙적으로 빼곡하게 찍혀 있었다. 도트무늬처럼, 일정한 크기로, 일정한 위치에. 푸른색 곰팡이였다. 벽 한가운데에 세로로 자리 잡았다. 방은 절대 습하지도 않고 5층의 적당한 높이에 햇살도 곧잘 들어오는데 어디서 생기게 된 것인지 알 수 없는 일이었다. 그러고 보니 햇빛이 묘하게 비껴가는 위치를 어떻게 알고 자리 잡았는지, 신기할 따름이었다. 좀 더 가까이에서 보고 싶었다. 살아 숨 쉬는 것처럼 볼록한 두께를 가지고 있었다. 징그러움에 소름이 돋았다. 저것을 없애 버려야지, 하고 생각했는데, 눈을 뜨고 침대에서 일어나는 순간 머릿속에서 지워져 버리고 말았다.

오페라의 유령

You alone can make my song take flight
it's over now the music of the night

사박, 오랜 시간 바닥에 쌓였던 먼지가 밟혔다. 소리가 다른 여러 개의 발소리가 사방으로 울리다 사라졌다.

오랜 시간 죽어 있던 건물의 높은 천장은 거미줄과 먼지로 뒤덮여 뿌옇게, 흐려져 있었다. 색이라고는 찾아볼 수 없을 만큼 온통 빛바랜 것들 천지였다. 빼곡히 내려앉은 먼지조차 세월의 흐름을 받아 하얗게 세진 것 같았다. 층을 이루며 만들어진 의자도 천장과 벽면에 그려진 오래된 벽화도 낡아빠진 조명도 모두, 죽어 있었다.

" Lot 666: A Chandelier In Pieces."

경매의 마지막, 오래된 샹들리에가 거대한 모습을 드러내는 순간, 바로 그 순간이었다. 샹들리에는 폭풍 같은 바람을 몰고 와 사람들에게 전율을 일으키고 감춰져 있던 이야기에 얼어붙게 만들고 서서히 그 이야기를 들려주려고 했다. 샹들리에의 보석들은 빛이 났고 곳곳에 촛불이 켜졌고 붉은색 의자들은 색을 입었고 마침내 샹들리에가 천장의 끝에 다다르자, 영광을 누렸던 찬란한 오페라 극장의 살아있는 시간으로 우리를 데리고 갔다.

그것은 꿈에서도 볼 수 없는 낭만과 예술이 살아 숨 쉬는 화려한 시대, 한 번만이라도 겪어보고 싶은 동경의 시대, 그 모든 것들을 경험할 수 있는 최고의 장소.

그리고,

밤조차 길을 잃어버리는 고독함과 어두운 미로가 존재하는 미친 이야기가 펼쳐지는 곳이었다. 밤의 비뚤어진 환상을 보았다. 그것은 제정신이 아닌 것 같았고 광기처럼 보였고 처음 접하는 것이어서 매력적이고 놀라운 것이었다. 예술을 실현하고 싶었던 비뚤어진 사람의 사랑 이야기, 어둠에 숨어있는 인간의 욕망, 미로, 화려한 오페라 극장에서 볼 수 있는 시대의 예술들 모두, 낭만이고 환상이고 매혹이었다.

"시작을 알리는 웅장한 오케스트라의 음악이 막을 올리면 마음이 걷잡을 수 없이 두근거린다. 완벽한 오페라의 음악이고 유령의 음악이다. 나는 유령이었다가 크리스틴이 되었다가 라울이 되기도 한다. 나는 오페라 극장으로 들어가기도 하고 유령의 비밀스러운 방을 엿보기도 한다. 나를 실현시킬 수 있는 대상이 존재하고 예술적으로 교감할 수 있는 황홀을 맛보기도 한다. 음악은 모든 것을 가능하게 만들어 준다. 쉽게 느낄 수 없는 전율이고 아주 고전적인 나의 영원한 환상이다."

이것은 꿈인가,

꿈과 현실이 교묘하게 뒤섞인다. 거울 속에서 나를 부르는 손을 잡은 순간, 실제와 꿈은 하나가 되고 아무도 본 적 없고 알지 못하는 미로의 문이 열리기 시작한다. 그곳은 밤의 노래가 존재하는 위험하고 비밀스러운 장소다. 새롭고, 누군가에게는 원하는 것이 이루어지는 장소다.

이야기의 모든 것은 유령이다.

모든 것은 미쳐 있다.

그리고, 그 목소리.

강한 힘이 느껴지는 미성의 목소리는 청아하고 다정하고 교묘하고 은밀해서 사람을 현혹한다. 그것은 완벽한 유령의 목소리다. 완벽하게 매력적인 광기 어린 목소리다. 그렇다. 광기. 그 위험한 것. 하지만 예술가의 광기라서 가지고 싶은 것. 어떤 것인지 궁금하게 만드는 것. 그 앞에 굴복하게 만드는 것. 기꺼이 목소리의 천사가 되고 싶게 만든다. 음악의 천사. 미친 예술가를 표현하는 단 하나의 가면이 되고 싶게 만든다.

그래, 오페라의 유령이 저기 있구나.

이것은 미치고 싶은 나의 마음. 나의 예술을 완성하고 싶은 몸부림. 발악. 어떤 것을 통해서라도 영감을 얻고 싶은. 너무 좋음을 표현할 방법이 없어 답답함을 어쩌지 못하는. 집착.

나는 가끔 생각한다. 사람의 기이한 욕망과 돌아갈 경계를 넘은 시옥 같은 어둠이 예술을 완성하는 것이 아닌지, 예술을 더 잘 표현할 수 있는 것이 아닌지, 예술이란 인간의 뒤틀린 욕망 안에서 자라는 것이 아닌지 말이다.

내 마음속에 있는 유령, 그것을 깨우고 싶다. 나는, 나를 대신할 예술의 천사를 가질 수 있을 만큼 뛰어나고 싶고 유령이 되고 싶고 집착적이고 음침한 아름다움을 가지고 싶다.

너는 알고 있다. 나의 모든 환상 안에서, 어두운 밤도 장님이 되어버리는 이 미로 안에서는 모든 것이 가능하다는 사실을 말이야. 하지만, 그것은 꿈. 꿈과 하나가 된 현실이 아니라 존재하지 않는 아득한 꿈속. 그래서, 나는 오페라의 유령을 놓지 못해.

한 사람의 외로움과 비참함과 고독과 감춰진 욕망이 자라나 견고한 뿌리를 내리고 휘감고 꽃을 피웠다. 그것은 아주 지독함을 품고 있었다. 밤의 노래는 인간의 어두운 마음이 응축된 음악이었다. 눈을 감고 가장 어두운 꿈에 항복하게 만드는 음악이었다.

그리고,
모든 것은 세 명의 이야기다.
오로지 예술에 대한 것이다.
모든 것은 무너지고 있다.

마음속 감옥, 절망의 아래로 다시 한번 내려갔을 때의 전율과 환희는 절대적인 로망이고 쉽지 않은 조화이고 완벽함이다. 지금까지의 환상과 실제와 꿈과 현실이 차례대로 나타나고 사라지고 엉키고 폭발한다.

...나를 용서 하시오.
...난 환상에 갇혀 있었네.
...돌아가기엔 이미 늦었어.

비뚤어진 환상은 무너지고 쫓기고 남은 것은 그저 안타까움뿐, 아무것도 없다.

밤의 노래는 영원히 끝이 나고 환상을 실현시켜 줄 유일한 존재는 사라진다. 나의 환상이 떠나는 모습을 그저 지켜본다. 오페라 극장의 화려한 시대는 끝이 나고 빛을 잃은 샹들리에처럼 녹슬고 사람들의 기억에서 잊혀진다. 기이한 매력은 모습을 감춘다. 조용히, 아무도 모르게.

음악은 밝게 흐르지만 그 내용이 너무나 가슴 아파, 나의 음악에 날개를 달아줄 유일한 사람, 그 외침이 모든 것을 담고 있어. 그것이 이제 모두 끝나 버렸다.

예술은 완성할 수 없고 나는 가라앉고 완성의 유일한 이유가 사라졌다. 광기의 몰락. 그것은 처절함인가 허무함인가. 내 존재의 사라짐인가.

이것은 나에게 완벽한 하나의 예술이고 영감을 주는 매혹의 이야기. 부흥의 시대. 파리의 예술가로 살아 보고 싶은 이루지 못할 꿈이 만들어지는, 나의 환상이 펼쳐지는 또 다른 공간.

그래도, 여전히

새벽을 온전히 지새우면, 해가 뜨려는 한 시간 전의 시간, 완전한 새벽보다는 5시와 6시, 그 사이 어디쯤이 가장 춥다. 아직 어슴푸레하지도 않고 어두컴컴한, 새벽이 끝나갈 즈음. 갑자기 몸을 감싸는 한기에 놀라 주위를 돌아보면 항상 시간은 동이 트기 전이다. 밖은 여전히 어둡다. 다시 돌아봐도 어둡고, 한눈을 판 사이, 순식간에 주위는 밝아져 있다.

꿈을 꾸는 것은 힘들고 어렵다. 과정에서 포기하고 싶고 나만의 동굴을 만들어서 숨고 싶어질 때가 태반이다. 마음이 찢어지고 지치고 상처받고 방어하기 위한 무감각이 늘어난다. 작업에만 몰두하는 지금, 여전히 되는 것은 없고 나아진 것도 없고 이룬 것도 없다. 나와는 다르게 잘 되는 사람들을 보면 부럽고 의기소침해지고 모든 것을 포기하고 싶어진다. 희망이 없어진다. 우울해진다.

나는, 나약하다. 불러도 대납 없는 니의 꿈에 쉽게 좌절한다. 기약 없는 나의 꿈에 절망한다. 이번 생은 아니라는 말이 와닿는다. 모든 것을 놓고 싶어진다.

그러다 문득, 내가 꿈을 포기하면 나를 억누르는 답답한 마음에서 벗어날 수 있을까, 생각이 들었다. 어려운 길을 택하지 않고 현실에 그럭저럭 만족하면서, 안정되진 않지만 무난하게, 흘러가는 대로 산다면 나의 마음이 편해질까.

지금의 나는, 불안정하고 혼자이고 설레는 감정도 어렵다. 누군가를 다시 만날 수 있을까,

그것도 알 수 없다. 앞으로의 내 모습이 걱정스럽다. 글을 쓰고 있는 지금도, 불안하다.

하지만, 그럼에도 불구하고,

어리석은 마음은 끝까지 바보 같고 내 말을 듣지 않아.

꿈이 없는 삶을 잠시 상상했을 때, 그것 역시 희망적이지 않았다. 그렇다면, 계속 나아가야지, 눈물이 나도, 그만둘 수는 없다. 언젠가는, 꼭, 이라는 말에 다시 희망을 걸어봐야지. 큰 기대 없이.

멈출 수는 없으니까.

지금처럼 묵묵히 매일의 작업을 하고 이것들이 빛을 보기를 바라고 내 것을 좋아하는 사람들을 느긋하게 기다리면서. 비록 지금은 부서지고 마음의 여유가 없고 쉽게 무너지더라도. 나를 가꾸고, 나를 포기하지 않고. 더 밑으로 무너지는 나를 볼 수는 없기 때문에.

그래도, 여전히.

**블루,
밤의 가스파르**

copyright ⓒ 문지하, 2023

글. 그림
문지하

초판 1쇄 **2020년 1월 15일**
개정 1쇄 **2023년 11월 23일**

편집 **오종길, 문지하**
디자인 **김현경**

펴낸곳 **스토리지북앤필름**
홈페이지 **storagebookandfilm.com**
이메일 **juststorage@gmail.com**
instagram **@storagebookandfilm**

* 이 책의 내용의 전부 또는 일부를 재사용하려면
 펴낸곳을 통한 저작자의 동의를 받아야 합니다.